Schöner Lehren –
gegendert und gequeert

Lena Eckert / Silke Martin (Hg.)

Schöner Lehren –

gegendert und gequeert

Bibliografische Information der Deutschen Nationalbibliothek
Die Deutsche Nationalbibliothek verzeichnet diese Publikation in der Deutschen Nationalbibliografie; detaillierte bibliografische Daten sind im Internet über http://dnb.d-nb.de abrufbar.

Schüren Verlag GmbH
Universitätsstr. 55 · D-35037 Marburg
www.schueren-verlag.de
© Schüren 2016
Alle Rechte vorbehalten
Gestaltung: Nadine Schrey
Umschlaggestaltung: Georg Bosch
Druck: booksfactory, Stettin
Printed in Poland
ISBN 978-3-89472-988-2

Inhalt

Lena Eckert und Silke Martin
Schöner Lehren – gegendert und gequeert
Eine Einführung   7

Lisa Conrad
Denken als Handwerk   17

Sarah Czerney
Europa und ihre Geschichten   30

Ulrike Hanstein
Ansprechen: Filmkörper, Affektraum, Bildkritik   43

Nicole Kandioler
Decentring Western Gender Media Studies   60

Christiane Lewe
Utopie als Methode   72

Lisa Conrad, Sarah Czerney, Lena Eckert, Ulrike Hanstein,
Nicole Kandioler, Christiane Lewe und Silke Martin
Genderqueer Lehren – Ein Gespräch   86

Hedwig Wagner
Nachwort   101

Die Autorinnen   104

Lena Eckert / Silke Martin

Schöner Lehren – gegendert und gequeert
Eine Einführung

GeniaL – Gender in der akademischen Lehre an Thüringer Hochschulen und die Werkstatt *Schöner Lehren*

Schöner Lehren – gegendert und gequeert ist auf der Basis einer langjährigen Zusammenarbeit von Nachwuchswissenschaftler*innen entstanden, die sich gemeinsam in regelmäßigen Treffen mit Lehrinhalten und -methoden der Medienwissenschaft an der Bauhaus-Universität Weimar (BUW) auseinandersetzen. Ausschlaggebend für diese Treffen war die Beschäftigung von Lena Eckert im Rahmen des überregionalen Forschungsprojektes *Gender in der akademischen Lehre an Thüringer Hochschulen – GeniaL* zwischen 2010 und 2012.[1] Im Rahmen dieses Projektes haben die regelmäßigen Treffen, die im Laufe der Jahre den Titel *Schöner Lehren* erhielten, stattgefunden.[2] Nachdem das Projekt 2012 ausgelaufen war, fanden diese Treffen weiterhin in Eigenregie statt. Die Notwendigkeit des regelmäßigen Erfahrungsaustausches und der Erfolg der gegenseitigen Unterstützung in der akademischen Lehre lassen sich an der Bereitschaft, dieses Format weiterhin regelmäßig und eigenverantwortlich zu veranstalten, ablesen.

Das Projekt GeniaL basierte zum einen auf empirischen Erhebungen zur derzeitigen Situation von Gender in der akademischen Lehre und der Hochschule, zum anderen hatte das Projekt einen anwendungs- und implementierungsorientierten Anspruch. In der Arbeitsgruppe *Modulbau*, die sich an der BUW durch die

---

[1]   Das Projekt *Gender in der akademischen Lehre an Thüringer Hochschulen – GeniaL* war ein überregionaler Zusammenschluss der Universität Erfurt, der TU Ilmenau, der Bauhaus-Universität Weimar, der FH Erfurt, der FH Schmalkalden und der FH Nordhausen. Gefördert wurde das Projekt vom Thüringer Ministerium für Bildung, Wissenschaft und Kultur (TMBWK).

[2]   Der Titel *Schöner Lehren* wurde 2011 von Ulrike Hanstein in Anlehnung an – und gleichzeitiger Abgrenzung zu – den Heften *Besser Lehren – Praxisorientierte Anregungen und Hilfen für Lehrende in Hochschule und Weiterbildung* der Arbeitsgruppe Hochschuldidaktische Weiterbildung an der Albert-Ludwigs-Universität Freiburg i. Br. (1998) geprägt.

Initiative von Lena Eckert etabliert hatte, wurden beide Aspekte vereint.[3] Durch eine Interviewserie, die mit Lehrenden der Fakultät Medien der BUW durchgeführt wurde, konnte der Bedarf an Unterstützung in Bezug auf die Integration von Gender-Aspekten in die akademische Lehre festgestellt werden.[4] In der Analyse der Interviews kristallisierte sich im Laufe des Projektes heraus, dass die Lehrenden, trotz des Interesses an Gender, das Gefühl hatten, keine Zeit zu haben, sich neben den Ansprüchen von Forschung und Curriculum mit Fragen der Gender Studies auseinanderzusetzen. In Folge dessen wurde der Beschluss gefasst, diesen formulierten Bedarf mit dem Entwurf konkreter, didaktisch aufbereiteter Modulbausteine zu beantworten.

Gender, Diversity und Hochschuldidaktik

Hochschullehre gerät zunehmend in den Fokus der Aufmerksamkeit von Forschung und qualitätssichernden Elementen der Hochschulpolitik und -entwicklung. So werden bundesweit Zentren für die Aus- und Weiterbildung von Lehrenden an Hochschulen eingerichtet. In den Fortbildungsangeboten werden unterschiedliche Formate bedient und Zertifikate für den Besuch didaktischer Fortbildungen vergeben. Das Bewusstsein dafür, dass es nicht reicht, Inhalte zu kennen, um sie auch vermitteln zu können, wächst. Weiterhin hat das Bewusstsein, dass Studierende nicht gleich Studierende sind, inzwischen eine weiter reichende Auswirkung auf die Diskussionen erzielt und das Design von Weiterbildungsangeboten geprägt. Nicht nur didaktische Erkenntnisse über verschiedene Lernendentypen hat Einzug in die Debatte gehalten, sondern auch Instrumente, wie das Diversity Management und Gender Mainstreaming Einfluss auf die Hochschullehre haben. So lassen sich in jüngster Zeit häufig Begriffe wie Gender, Vielfalt, Heterogenität und Diversity in den Angeboten der Hochschuldidaktikzentren finden. Im Mittelpunkt steht dabei die Frage, wie Lehrende mit ihrer Didaktik auf Unterschiedlichkeiten innerhalb der Studierendengruppen reagieren können.

Jedoch geht der Ansatz von *Schöner Lehren – gegendert und gequeert* über eine bloße Anwendung von dehierarchisierenden und heterogenitätsorientierten Lehrmethoden weit hinaus. Vielmehr will er die Handlungsfähigkeit der am Bildungsprozess Beteiligten aktivieren und reflektieren. Hier soll die «unauflösliche Komplizenschaft von Bildung und Macht» (Lüders 2007, 194) mitgedacht werden. Bildung soll daher eher als Infragestellung und Verstörung von Normen und gängigen Diskursen denn als Herstellung und Reproduktion jener verstanden werden

---

3 Zur genaueren Beschreibung der Entstehungsgeschichte der AG Modulbau siehe Eckert (2014).
4 Zu einer umfassenden Analyse der Interviews und der anderweitig erhobenen Daten im Rahmen des Projektes siehe Bütow u. a. (im Erscheinen).

(vgl. Hartmann 2007). Diesem Verständnis von Bildung – also hier auch von Lehren und Lernen – liegt zudem ein Subjektbegriff zugrunde, der sich aus den Theorien der Gender und Queer Studies speist. Es geht darum, Subjekte als innerhalb von Machtkonstellationen angesiedelt zu begreifen und die «subjektivierenden, privilegierenden und binarisierenden Differenzordnungen» (Mecherill/Plößer 2011, 75) zu reflektieren, die hier am Wirken sind. Diese Reflektionen sollen in die eigenen Didaktiken produktiv mit einfließen.

In Abgrenzung zu normierten Aus- und Weiterbildungsangeboten für Hochschuldidaktik wurde im Rahmen des Projektes GeniaL an der BUW das Ziel gesetzt, ein Format zu entwickeln, das sich mit einem kritischen Bildungsbegriff auseinandersetzt und sich – jenseits einer Trennung von Theorie und Praxis – als Machtanalyse und Intervention versteht. Somit verweigert sich der Ansatz von *Schöner Lehren – gegendert und gequeert* einem funktionalistischen Bildungsverständnis, das sich auf Kompetenzen und Qualifikationen beschränkt. Die AG Modulbau hatte zum Ziel, Inhalte eher in Bezug auf ein kritisches Nachdenken hin zu didaktisieren als auf eine klare Zielgerichtetheit und die bloße Vermittlung von Fakten und Kompetenzen. Es wurde die Werkstatt *Schöner Lehren* eingerichtet, die vor allem auf persönlichen Austausch zwischen den Beteiligten setzt und nicht in erster Linie einer Verwertungslogik verpflichtet ist. Die Werkstatt setzt sich vielmehr mit (hetero-)normativen Strukturen in Gesellschaft und Wissensproduktion sowie deren Hinterfragung und Veränderung auseinander. So sollten nicht nur Inhalte der Gender Studies und der Queer Theory in die Lehre integriert werden, sondern auch auf einer performativen Ebene in das Lehrgeschehen eingehen. Dieses Anliegen kann natürlich nicht *ad hoc* umgesetzt werden, sondern benötigt eine längerfristige Auseinandersetzung mit dem Thema, der eigenen Position innerhalb von gesellschaftlichen und hochschulischen Machtgefügen sowie den Epistemologien der eigenen Disziplin und Fachkultur. An der BUW haben sich Lehrende für eine Zusammenarbeit bereit erklärt, so dass mehrere Modulbausteine entwickelt werden konnten. Die Synergien, die hier entstanden sind, sind in diesem Sammelband und in jedem einzelnen Modulbaustein nachvollziehbar.

Die Modulbausteine

Die Modulbausteine spiegeln einerseits die Beschäftigung der Beteiligten mit alternativen Methoden der Hochschullehre wider, zeigen aber andererseits auch ihre inhaltliche Auseinandersetzung mit den Gender Studies und der Queer Theory. Dieses Ergebnis lässt darauf schließen, dass der Ansatz, der in der AG Modulbau und in der Werkstatt *Schöner Lehren* verfolgt wurde, die Lehrenden dazu inspiriert hat, sich nicht nur auf methodischer, sondern auch auf inhaltlicher Ebene mit anti-sexistischer, anti-rassistischer, heteronormativitätskritischer und differenzsensibler Theorie und Praxis auseinanderzusetzen. Diese Bewusstseinsarbeit ist Grundvoraussetzung für eine gelungene Umsetzung des Konzeptes des «Lehrens mit Epistemologie», das Lena Eckert bereits an anderer Stelle ausführlich erläutert hat (Eckert 2014). Dieses Konzept des «Lehrens mit Epistemologie» vereint wissenschaftspolitische und -historische mit herrschaftskritischen Ansätzen, die ein Bewusstsein dafür fördern, dass jedes Wissen, das vermittelt werden kann, auch eine epistemologische Dimension hat. Wenn diese Bewusstseinsarbeit vorhanden ist oder zumindest ein fundiertes Interesse daran, die eigene Position sowie die des zu vermittelnden Wissens in Macht- und Herrschaftsstrukturen grundlegend zu hinterfragen, bieten sich die Modulbausteine, die für die Medienwissenschaft entworfen wurden, an, trans- und interdisziplinär angepasst zu werden, da ihre jeweilige Struktur und Intention leicht in andere Disziplinen übertragen werden können. Insofern verstehen wir die hier vorgestellten Modulbausteine als Modelle, die Lehrende verwenden können, um ihr eigenes Fach zu reflektieren und mit denen sie in ihren Curricula didaktische Anpassungen vornehmen können.

Didaktische und theoretische Voraussetzungen der Werkstatt *Schöner Lehren*

Die Theorien, die der Entwicklung von *Schöner Lehren* als Werkstatt zugrunde lagen, sollen hier nur kurz skizziert werden. Dabei werden wir den Leser*innen einen Einblick in die vielfältigen Grundlagen geben, die sich für die Entwicklung und Durchführung einer solchen Werkstatt anbieten. Für die Entwicklung der Bausteine waren Theorien maßgeblich, die Gender als intersektional und interdependent verstehen. Diese speisen sich unter anderem aus den Ansätzen der Post- und Neocolonial Studies, der Critical Whiteness Studies, der Normalcy Studies sowie der Anarchist und Migration Studies. Die Auseinandersetzung mit dem Facettenreichtum von Gender und Queer verstanden als Difference Studies führt notwendigerweise zu einer Reflexion von Methoden der akademischen Lehre. Vor allem die Arbeiten von bell hooks *Teaching Critical Thinking* (2010), *Teaching Community* (2003) und *Teaching to Transgress* (1994) waren ausschlaggebend für eine umfassendere Auseinandersetzung mit den Prozessen des Lehrens unter Beachtung interdependenter Differenz- und Machtstrukturen. Durch eine Rezeption der Kritischen Pädagogik vor allem der Arbeiten von Paolo Freire (1993, 2008) und Peter McLaren (1995), aber auch der poststrukturalistischen Auseinandersetzung mit Situationen des Lehrens wie in Jacques Rancières *Der unwissende Lehrmeister* (2009) oder der konstruktivistischen Didaktik nach Johannes Wildt (2004) wurden Werkstatttreffen erarbeitet, die in ihrer eigenen Didaktik dasjenige performten, was sie vermitteln sollten. Dabei wurden auch grundlegende Inhalte der Gender und Queer Studies in die gemeinsame Erarbeitung der Didaktiken transportiert.

So wurde zum Beispiel deutlich, dass eine Werkstattleitung, die ihre Leitungsfunktion an andere Werkstattteilnehmer*innen weiter- und abgibt, eine Atmosphäre der Verantwortung aller Beteiligten für das Gelingen der Veranstaltung herstellt. So wird die Expertise für einen Gegenstand nicht mehr aufgrund von Autorität etabliert, sondern kann enthierarchisiert wahrgenommen werden. Das macht allen Teilnehmenden deutlich, dass ihre eigenen Erfahrungen und Expertisen einen großen Wert für die Entwicklung und die Ausführungen sowie das Gelingen der Werkstatt (und somit auch der Lehrveranstaltungen) haben.

Der Workshop

In Fortsetzung der didaktischen Werkstatt *Schöner Lehren* veranstalteten Lena Eckert und Silke Martin im September 2015 einen eintägigen Schreibworkshop, der an das jahrelange gemeinsame Arbeiten anschloss und dazu diente, das Wissen, das in den fünf Jahren des regelmäßigen Austauschs angesammelt wurde, zu aktivieren und zu dokumentieren. In Schreibübungen und Reflexionsprozessen kreiste der Tag um die Modulbausteine und deren Aufbereitung, um ihre Beschreibung und Reflexion. Zum Abschluss wurde in einem gemeinsamen Freewriting-Verfahren ein Gespräch über grundlegende Ansichten zu Gender und Queer in der Lehre geführt. Dieses Gespräch spiegelt, wie wir denken, unsere jahrelange Auseinandersetzung mit dem Thema *Schöner Lehren – gegendert und gequeert* wider, sowie die kollegialen, vertrauten und freundschaftlichen Beziehungen, die in unserer Gruppe über die Jahre entstanden sind. Das Gespräch findet sich am Ende des Buches.

Die Beiträge dieses Bandes

Der vorliegende Sammelband ist ein ausgewählter Ausschnitt aus der gemeinschaftlichen Arbeit der Lehrenden, die sich dazu bereit erklärt haben, Modulbausteine zu entwickeln, durchzuführen, hospitiert zu werden, diese Hospitationen zu evaluieren und den gesamten Entstehungsprozess schriftlich zu dokumentieren und zu präsentieren. In den einzelnen Kapiteln des vorliegenden Sammelbandes werden die verschiedenen Modulbausteine vorgestellt. Die Herausgeber*innen haben den Autor*innen freie Hand in der Ausgestaltung ihrer Texte gelassen. Die einzige Vorgabe war, den Modulbaustein nach einer Strukturvorlage, die einen methodischen und einen didaktischen Kommentar sowie eine genauere Beschreibung des Vorgehens beinhaltet, zu erstellen. Die Autor*innen wurden außerdem gebeten, eine der angewendeten Methoden genauer darzustellen und den Zusammenhang zu gegenderter und gequeerter Didaktik herzustellen. Und schließlich sollten alle Autor*innen Baustein und Methode mit einer Reflexion des Entstehungsprozesses rahmen.

Lena Eckert / Silke Martin

Hier unterscheiden sich die Kapitel grundlegend und stellen unterschiedliche Phasen der Entwicklung, Durchführung und Evaluation dar. So sind die Bausteine von Sarah Czerney und Ulrike Hanstein zusammen mit Lena Eckert entwickelt, von ihr hospitiert, gemeinsam evaluiert und angepasst worden. Die Bausteine von Lisa Conrad und Christiane Lewe wurden in Eigenregie entworfen und in Hinblick auf die Aspekte der gegenderten und gequeerten Lehre reflektiert und angepasst. Der Modulbaustein von Nicole Kandioler wurde für das kommende Semester im Laufe des Workshops entworfen. Seine Anpassung an eine Hospitation und Evaluation bestätigt insofern das Konzept des «Lehrens mit Epistemologie» als lernendes Projekt (Eckert 2014). Nicht nur Inhalte und Methoden, sondern auch personelle Zusammensetzungen und Gemeinschaftsarbeit sind Prozesse und sollten als solche gesehen werden. Insofern erheben wir auch an keiner Stelle dieses Buches Anspruch auf Vollständigkeit oder hermetische Ergebnisproduktion. Vielmehr sollen Reflexionsebenen veranschaulicht und erläutert werden, um das Nachahmen eben dieser Denkübungen anzuregen.

Sarah Czerney nimmt in ihrem Artikel *Europa und ihre Geschichten* die medialen Inszenierungsweisen europäischer Geschichte in den Blick. Dabei betont sie die Bedeutung von Gender für die Erinnerungskultur und Geschichtsschreibung. Europa wird, wie die Autorin im Rückgriff auf antike Mythen und Allegorien anmerkt, weiblich inszeniert. Europa und seine Geschichtsschreibung jedoch werden überwiegend von Männern verhandelt und repräsentiert. Die Thematisierung dieser gegenderten Situation ist das zentrale Anliegen des Textes. Fragen, die dabei im Mittelpunkt stehen, sind: Was hat Gender mit Europa und europäischer Geschichte zu tun? Welche Rolle spielen Medien dabei? Wer kommt in offiziellen Geschichts- und Erinnerungsdiskursen vor und wer nicht? Welche Bilder von Männlichkeit und Weiblichkeit werden wie konstruiert? Anhand dieser Fragen thematisiert Czerney die Medienabhängigkeit von Geschichtsschreibung sowie die Verwobenheit von Geschichtsschreibung und Gender. Der Modulbaustein, den sie im Rahmen ihres Artikels entwirft, eignet sich für Medienwissenschaft, European Studies/Europawissenschaft, Gender Studies und Geschichtswissenschaft, kann aber auch in andere Fächer übertragen und angepasst werden.

Lisa Conrad setzt sich in ihrem Artikel *Denken als Handwerk* mit der Wissensarbeit und deren Bedingungen auseinander. Ihre leitende Annahme ist, dass vermeintlich kognitive Prozesse wie die Analyse, Erörterung, Planung oder Gestaltung wissenschaftlicher Arbeiten immer mit dem Körper, der materiellen Umgebung und verschiedenen Trägermedien in Zusammenhang stehen. In den Fokus ihrer Ausführungen stellt Conrad das Zeichnen als intuitive Praktik der Visualisierung, das in entwerfenden und planenden Prozessen angewendet wird. Anhand der drei visualisierenden Formate Mindmap, Storyboard und Metapher klärt ihr Modulbaustein die Bedingungen des Verfassens einer wissenschaftlichen Hausarbeit. Dabei hinterfragt die Autorin kritisch die allgemeinübliche Praxis in den Geistes- und Sozialwissenschaften, die das Format der Hausarbeit als standardmäßige Prüfungsform verwendet. Der Modulbaustein lädt dazu ein, diese Form des wissenschaftlichen Arbeitens als kollektive Praxis und Handwerk zu verstehen, die nicht per se gekonnt, sondern erlernt werden muss. Dabei hinterfragt Conrad Sprache und Schrift als vermeintlich neutrale Medien der Geistes- und Sozialwissenschaften: Wissensarbeit im Allgemeinen und wissenschaftliches Arbeiten im Speziellen müssen entindividualisiert und entmythisiert werden. Das Queeren von Wissensvermittlung und Bewertung von wissenschaftlichen Leistungen besteht darin, die Kontingenz ihrer Ausgestaltung sichtbar zu machen. Der Modulbaustein kann in diesem Sinne in der Wissenschaftsforschung, Medienwissenschaft, Einführung ins wissenschaftliche Arbeiten sowie im Innovations- und Kreativmanagement eingesetzt werden.

Ulrike Hanstein thematisiert in ihrem Artikel *Ansprechen: Filmkörper, Affektraum, Bildkritik* den Zusammenhang von Genre, Gender und *race* im populären Kino. Im Zuge dessen entwirft sie einen Modulbaustein, der eine Einführung in feministische und repräsentationskritische Theorien des Films darstellt und die Beziehung zwischen Genre, Gender und *race* bzw. das Zusammenwirken dieser Kategorien im populären Kino thematisiert. Anhand des Films PULP FICTION (USA 1994, Quentin Tarantino) begreift die Autorin den Film nicht nur als Repräsentation, sondern auch als Produktion von ästhetischen Affekten, Phantasien und Narrativen. Studierende, so Hanstein, sollen in die Lage versetzt werden, zu lernen, dass populäre Genres mit gesellschaftlichen Diskursen und Konzeptionen von Geschlecht in Zusammenhang stehen und als ästhetische Figurationen einen eigenen Beitrag zu kulturellen Aushandlungsprozessen von Gender und *race* leisten. Hanstein führt aus, wie ein gelungener Übergang vom Lehren zum Lernen stattfinden kann. Das passive Erdulden von Studierenden, die belehrt werden, kann so in ein aktives Tun überführt werden. Der Modulbaustein ist in der Filmwissenschaft und feministischen Filmtheorie, aber auch in der Repräsentationskritik, in den Gender Studies, der Queer Theory, der Kultur- und Medienwissenschaft sowie den Intersektionalitätsstudien verortet.

Nicole Kandioler thematisiert in ihrem Artikel *Decentring Western Gender Media Studies* die Vorherrschaft westlicher Theoriebildung in den Gender Studies und der Medienwissenschaft. In ihrem Modulbaustein bearbeitet sie zwei Fernseh-Serien der 1970er Jahre, die sie vergleichend und kritisch diskutiert. Es handelt sich um die deutsche Serie ACHT STUNDEN SIND KEIN TAG von Rainer Werner Fassbinder und die tschechoslowakische Serie ŽENA ZA PULTEM/DIE FRAU HINTER DEM LADENTISCH von Jaroslav Dietl und Jaroslav Dudek. Im Mittelpunkt des Modulbausteins steht, so Kandioler, das Hinterfragen von Heteronormativität vor dem Hintergrund des Kalten Krieges. Mit den Studierenden stellt sie bei der Analyse der

Serien folgende Fragen: Wovon sprechen «wir», wenn «wir» von Gender und Fernsehen sprechen? Auf welche Begriffe, Konzepte, Theorien beziehen «wir» «uns» in der Analyse von osteuropäischem Fernsehmaterial? In welchen Kontexten ist unser Wissen über Osteuropa angesiedelt, wie ist es «situiert»? Indem die Studierenden das Sex-Gender-System in der kommunistischen sowie der kapitalistischen Serie in Hinblick auf ihre gesellschaftliche Einbindung analysieren, soll das Verhältnis von Ideologie und Geschlechterkonstruktion wahrnehmbar werden. Die Studierenden sollen erfahren, dass die Aufführung von Gender von gesellschaftspolitischen, historischen und medialen Konventionen abhängig ist. Der Modulbaustein eignet sich für Queer- und Gender Studies, Cultural Studies, Medien-/Kulturwissenschaften, Osteuropa Studien, aber auch für Wissenschaftsgeschichte.

Christiane Lewe beschreibt in ihrem Artikel *Utopie als Methode* zwei Fragen, die sie in ihrem Modulbaustein in den Mittelpunkt stellt: Wo gerinnen progressiv erscheinende Errungenschaften (z. B. Homo-Ehe, Coming-out) wieder zu normativen Machtstrukturen? Und wie/wo gewinnen unterdrückende und diskriminierende Strukturen eine neue, eigene queere/utopische Qualität? Ziel des Modulbausteins ist es, eine produktive Krise herbeizuführen, die die Perspektiven auf das eigene Leben erweitert und Möglichkeiten der Veränderung eröffnet. So soll nach der Sichtung eines Coming-out-Videos zweier Zwillingsbrüder in wechselnden Kleingruppenkonstellationen diskutiert werden, welche Vor- und Nachteile das homosexuelle Coming-out hat. In einem zweiten Schritt soll nach der Rolle gefragt werden, die das Coming-out für Menschen spielt, die nicht der christlich-säkularen liberalen Mehrheitsgesellschaft (wie die Zwillingsbrüder aus dem Youtube-Clip) angehören, sondern mit intersektionalen Mehrfachdiskriminierungen konfrontiert sind. In einem dritten Schritt soll spekuliert werden, was geschieht, wenn nicht das Coming-out, sondern das Inviting-in die gängige Praxis ist. Hier findet nicht nur das Entwerfen queerer Utopien statt, sondern es werden auch eigene vermeintlich eindeutige Positionen der Studierenden wieder verkompliziert. Der Modulbaustein ist in den Queer und Gender Studies lokalisiert, kann aber auch in andere Disziplinen übertragen werden wie in die Cultural Studies oder Medien-/Kulturwissenschaften.

Wir danken der Gleichstellungsbeauftragten der Bauhaus-Universität Weimar, Britta Trostorff, und ihrer Referentin Melanie Eichler, die diesen Sammelband möglich gemacht haben sowie Hedwig Wagner. Auch danken wir Anne Heimerl, die die Beiträge lektoriert hat. Insbesondere danken wir unseren Kolleg*innen, die über Jahre an der Werkstatt *Schöner Lehren*, dem eintägigen und sehr ergiebigen Schreibworkshop sowie der Umsetzung dieses Sammelbandes in prägender und bleibender Weise und Intensität beteiligt waren – danke an Euch alle: Lisa, Sarah, Ulrike, Nicole, Christiane – ihr seid großartig! Unser Dank geht ebenso an Georg Bosch, der für die Umschlaggestaltung dieses Buchs verantwortlich war.

Literatur

Arbeitsgruppe Hochschuldidaktische Weiterbildung an der Albert-Ludwigs-Universität Freiburg i. Br. und Abs, Hermann Josef/Raether, Wulf/Tippelt, Rudolf/Vögele, Erika: *Besser Lehren – Praxisorientierte Anregungen und Hilfen für Lehrende in Hochschule und Weiterbildung. Heft 8 Evaluation der Lehre – ein Beitrag zur Qualitätssicherung.* Weinheim 2000.

Arbeitsgruppe Hochschuldidaktische Weiterbildung an der Albert-Ludwigs-Universität: *Besser Lehren: Praxisorientierte Anregungen und Hilfen für Lehrende in Hochschule und Weiterbildung. Heft 1: Grundlagen und Konzeption.* Weinheim 1998.

Bütow, Birgit/Eckert, Lena/Teichmann, Franziska: *Akademische Fachkulturen als Ordnungen der Geschlechter. Praxeologische Analysen von Doing Gender in der akademischen Lehre.* Leverkusen (im Erscheinen).

Eckert, Lena: Das Konzept des Lehrens mit Epistemologie zur Vermittlung von Gender als Querschnittsthema in der Hochschullehre – Ein lernendes Projekt. In: *Freiburger Zeitschrift für GeschlechterStudien* (20/1) 2014, S. 47–62.

Freire, Paolo: *Pädagogik der Unterdrückten. Bildung als Praxis der Freiheit.* Reinbek bei Hamburg 1993.

– *Pädagogik der Autonomie. Notwendiges Wissen für die Bildungspraxis.* München u. a. 2008.

Hartmann, Jutta: Bildung als kritisch-dekonstruktives Projekt – pädagogische Ansprüche und queere Einsprüche. In: Hünersdorf, Bettina/Hartmann, Jutta (Hg.): *Was ist und wozu betreiben wir Kritik in der Sozialen Arbeit?.* Wiesbaden 2013, S. 255–280.

hooks, bell: *Teaching to Transgress. Education as the practice of freedom.* New York 1994.

– *Teaching Community. A Pedagogy of Hope.* New York 2003.

– *Teaching Critical Thinking. Practical Wisdom.* New York 2010.

Lüders, Jenny: *Ambivalente Selbstpraktiken. Eine Foucaultsche Perspektive auf Bildungsprozesse.* Bielefeld 2007.

McLaren, Peter: *Critical Pedagogy and Predatory Culture: Oppositional Politics in a Postmodern Era.* London u. a. 1995.

Mecherill, Paul/Plößer Melanie: Differenzordnung, Pädagogik und der Diversity-Ansatz. In: Spannring, Reingard u. a. (Hg.): *bildung – macht – unterschiede. 3. Innsbrucker Bildungstage.* Innsbruck 2011, S. 59–79.

Race, Phil: *The Lecturer's Toolkit: A Practical Guide to Assessment, Learning and Teaching.* London u. a. 2004.

Rancière, Jacques: *Der unwissende Lehrmeister. Fünf Lektionen über die intellektuelle Emanzipation.* Wien 2009.

Wildt, Johannes: «The Shift from Teaching to Learning» – Thesen zum Wandel der Lernkultur in modularisierten Studienstrukturen. In: Holger Ehlert/Ulrich

Welbers (Hg.): *Qualitätssicherung und Studienreform. Strategie- und Programmentwicklung für Fachbereiche und Hochschulen im Rahmen von Zielvereinbarungen am Beispiel der Heinrich-Heine-Universität Düsseldorf.* Düsseldorf 2004, S. 168–178.

Lisa Conrad

Denken als Handwerk

Analyse, Erörterung, Planung oder Gestaltung finden nicht allein zwischen den Ohren statt. Vielmehr ist es «the whole relationship between our mind-body system and suitable external representations» (Magnani 2004, 443), die daran mitwirkt. Diese Annahme geht aus den Auseinandersetzungen im Kontext des Pragmatismus, der Medientheorie und der Science & Technology Studies hervor (siehe z. B. Dewey 1998; Helmes/Köster 2004; Beck 2012; Knorr-Cetina 1984; Latour/Woolgar 1979). Sie legen nahe, Kognition als dynamisches System zu verstehen, bestehend aus «mind, body, and external environment, mutually and simultaneously influencing and coevolving» (Magnani 2004, 447). Ich werde im Folgenden eine Lehreinheit im Umfang von 1,5 Stunden vorstellen (Modulbaustein), die dafür sensibilisiert, wie vermeintlich rein kognitive Prozesse mit dem Körper, der materiellen Umgebung und verschiedenen Trägermedien verwoben sind. Der Modulbaustein adressiert die These, dass Wissensarbeit mit und in Räumen, Objekten, Körpern und Verfahren stattfindet und nicht jenseits davon, im «luftleeren Raum». Er zeigt auf, inwiefern Tätigkeiten wie Entwerfen, Planen, Organisieren und Analysieren soziale, handwerkliche und körperliche Elemente umfassen. Aus dieser Perspektive lassen sich Lernprozesse selbstständiger, vielfältiger und je nach Lerntyp und Situation gestalten.

Der Gegenstand, an dem die These entwickelt wird, ist das Zeichnen und die Frage danach, wie es in kognitiven Prozessen zum Einsatz kommen kann. Gemeint ist dabei nicht professionelles Zeichnen, wie perspektivisches oder technisches Zeichnen, sondern die mehr oder weniger intuitiven Praktiken der Visualisierung, die in entwerfenden und planenden Prozessen zum Einsatz kommen: das Mindmap, das Storyboard und die Metapher. Der Modulbaustein sieht vor, mithilfe der Visualisierungsmethoden Mindmap, Storyboard und Metapher die Frage zu verfolgen, wie man eine wissenschaftliche Hausarbeit schreibt. Die Hausarbeit stellt in den geistes- und sozialwissenschaftlichen Disziplinen eine standardmäßige Prüfungsform dar, die das Studium begleitet und in der Abschlussarbeit kulminiert. Sie umfasst meistens zwischen 10 und 20 Seiten Fließtext, in denen die systematische Bearbeitung einer Fragestellung stattfindet. Der Modulbaustein «Denken als Handwerk» lädt dazu ein, diese Form des wissenschaftlichen Arbeitens als kollektive Praxis und als erlernbares Handwerk zu begreifen und das Gelingen wissenschaftlicher Texte nicht als Gradmesser von «Intelligenz» oder «Eignung» aufzufassen. Er bietet auch Ansätze, um die Hausarbeit als etablierte Form von wissenschaftlicher Arbeit und das darin implizierte Verständnis von Wissenschaft zu befragen. Die zeichnende Auseinandersetzung setzt ein Gegengewicht zur Dominanz von Sprache und Schrift als die vermeintlich neutralen Medien der Wissenschaft, die die Form des Ausdrucks und des Austausches in den Geistes- und Sozialwissenschaften beherrschen.

Das Anliegen besteht darin, Wissensgenerierung, -vermittlung und -bewertung zu queeren. Das bedeutet, die Kontingenz ihrer aktuellen Ausgestaltung sichtbar zu machen. Es geht auch darum, die Fähigkeit zu Analyse, Innovation und Kreativität von ihrer vermeintlichen Verbindung mit Talent, «Intelligenz» und Geistesblitzen zu lösen. Der Modulbaustein entwirft diese Kompetenzen vielmehr als Praktiken, die auf Verfahren der Interaktionsgestaltung und dem geübten Umgang mit Ressourcen und Werkzeugen beruhen. Der Modulbaustein zielt darauf ab, Wissensarbeit im Allgemeinen und wissenschaftliches Arbeiten im Speziellen zu entindividualisieren und zu entmythisieren. Sie werden vom Bereich des Individuellen und Geistig-Kognitiven in den des Sozialen und des Handwerklichen überführt.

Ich präsentiere den Modulbaustein anhand eines Schemas (curriculare Verankerung, Einstieg, Arbeitsphase, Abschluss) und gehe im anschließenden Punkt «Reflexion» auf den Kontext ein, in dem er entstanden ist. Denn der Modulbaustein, wie ich ihn hier vorstelle, hat keine eindeutig benennbaren «Erfinder_innen», sondern resultiert aus dem Zusammenspiel eines Seminarformats mit den Beiträgen der Studierenden.

1. Schematische Darstellung des Modulbausteins «Denken als Handwerk»

Curriculare Verankerung:
    Wissenschaftsforschung, Medienwissenschaft, Einführung ins wissenschaftliche Arbeiten, Innovations- und Kreativmanagement
Seminarthema:
    Wissensarbeit
Seminar-/Lernziele:
    Fachliche Ziele: wissensintensive Arbeit im Hinblick auf die Verschränkung zwischen kognitiven und handwerklichen Elementen betrachten, Dichotomie zwischen körperlicher und geistiger Arbeit befragen, etablierte Arbeitsweisen reflektieren
    Überfachliche Ziele: Wissensgenerierung und Wissensvermittlung als veränderbare und gestaltbare Praktiken begreifen, eigene Wissensarbeit reflektieren und selbstständig gestalten

Einstieg

Inhalt: Die Seminarsitzung beginnt mit einer Begrüßung durch die Dozent_innen und einem eventuellen Rückblick auf die vorherige Sitzung. Danach hält die verantwortliche Gruppe ihr Kurzreferat (15 Minuten) zum vorgegebenen Textausschnitt aus dem Buch *Visuelle Meetings* von David Sibbet (S. 147–156, siehe Literaturempfehlung).

Didaktischer Kommentar: Das Kurzreferat liefert Informationen zu Autor und Text und erläutert die drei im Textausschnitt behandelten Visualisierungsmethoden (Mindmap, Storyboard und Metapher)

Methodischer Kommentar: Die klassische Anordnung der Möbel und das gewohnte Interaktionsmuster (eine_r spricht, die anderen hören zu) wird beibehalten.

Medien/Material:
– Durch die Dozent_innen vorgegebener Text,
– evtl. Leitfaden zum Kurzreferat,
– Beamer und Leinwand

Arbeitsphase 1

Inhalt: Die Studierenden werden in drei Gruppen eingeteilt (3–5 Personen pro Gruppe[1]) und erhalten die Aufgabe, jeweils eine der drei Visualisierungsmethoden (Mindmap, Storyboard, Metapher) zu nutzen, um der Frage nachzugehen «Wie schreibe ich eine wissenschaftliche Hausarbeit?» Die Poster, die dabei entstehen, sollen im Anschluss in einer etwa fünfminütigen Präsentation vorgestellt werden.

Didaktischer Kommentar: Im Rahmen der Kleingruppenarbeit praktizieren die Studierenden kollektive Wissensarbeit mithilfe von Visualisierungsmethoden und thematisieren dabei das Format der wissenschaftlichen Hausarbeit.

Methodischer Kommentar: Die Tische werden in Gruppentische angeordnet. Die Kleingruppen beschaffen sich ihr Arbeitsmaterial und versammeln sich um das Poster. Die einzelnen Teilnehmenden wählen je nach Vorliebe, Tagesform oder wahrgenommener Gruppendynamik einen Platz. Im Verlauf der Gruppenarbeit kann sich dieser Platz und die damit verbundene Rolle verändern. Die Dozent_

---

1 Für die Gruppenbildung eignet sich die Methode des Durchzählens (1, 2, 3 – 1, 2, 3 – usw. bilden jeweils Gruppe 1, 2 und 3). Bei einer großen Anzahl von Teilnehmenden können auch jeweils zwei Gruppen eine Visualisierungsmethode bearbeiten.

innen sollten den Zeitumfang deutlich nennen und dessen Einhaltung unterstreichen (Bearbeitungszeit von 20 bis 30 Minuten, fünf Minuten vor Ablauf der Zeit wird ein Signal gegeben). Sie können sich entweder an der Gruppenarbeit beteiligen oder den Raum verlassen und die Zeit für andere Dinge nutzen. Es ist nicht nötig und vielleicht sogar kontraproduktiv, die Gruppen zu beobachten oder zu besuchen.

Medien/Material:
- Poster (DIN-A2)
- Filzstifte in verschiedenen Farben.

Arbeitsphase 2

Inhalt: Die Gruppen präsentieren ihre Poster und reflektieren den gemeinsamen Arbeitsprozess (gesamte Gruppe oder Repräsentant_in). Nachdem alle Poster vorgestellt wurden, schließt sich eine kurze Diskussion im Plenum an.

Didaktischer Kommentar: Die Gesamtgruppe wird wiederhergestellt, um die Ergebnisse der Gruppenarbeit zu präsentieren und Resonanz zu erzeugen. Die Erfahrungen während der Gruppenarbeit werden in Sprache überführt, aufeinander bezogen und reflektiert.

Methodischer Kommentar: Die Möbel werden wieder so ausgerichtet, dass alle Teilnehmenden auf eine gemeinsame Bühne blicken. Das kann die Tafel und der Bereich davor sein oder eine andere Wand im Raum.[2] Die erarbeiteten Poster werden für alle gut sichtbar aufgehängt. Die Reihenfolge der Präsentationen wird festgelegt. Es bietet sich an, die Reihe von Mindmap, Storyboard und Metapher beizubehalten, da sie eine Steigerung der Visualisierung beinhaltet. Jede Gruppenpräsentation wird mit einem Applaus beendet. Die Dozent_innen sollten auf eine gleichmäßige Zeitverteilung achten, um eine gleichberechtigte Sprechsituation für die Studierenden zu gewähren.

Medien/Material: Klebeband oder Magnete.

Abschluss

Inhalt: Die Sitzung wird mit einem Blitzlicht rekapituliert und zusammengefasst.

---

2 Auch das Verfahren, das manchmal Galerie genannt wird, bietet sich an. Dabei hängen die Gruppen ihr Poster jeweils dort auf, wo sie gearbeitet haben und die Gesamtgruppe bewegt sich in die jeweiligen Bereiche des Raums und ordnet sich so jedes Mal neu vor den verschiedenen Postern an. In unserem Fall war der Raum zu klein und die Anzahl der Teilnehmenden zu groß, um dieses Verfahren anzuwenden.

Didaktischer Kommentar: Die Teilnehmenden formulieren reihum jeweils in wenigen Sätzen, welche Gedanken durch die Sitzung bei ihnen angeregt wurden (alternativ: was für sie besonders wichtig war).

Methodischer Kommentar: Es bietet sich eine kreisförmige Anordnung der Tische und Stühle an. Zwischenkommentare oder das Abweichen von der Reihenfolge sind nicht erlaubt. Es ist den Teilnehmenden aber freigestellt, auszusetzen.

Medien/Material: Die Poster können fotografiert und auf der E-learning-Plattform zur Verfügung gestellt werden.

Literaturempfehlung

Sibbet, David: *Visuelle Meetings. Meetings und Teamarbeit durch Zeichnungen, Collagen und Ideen-Mapping produktiver gestalten.* Heidelberg 2011, S. 147–156.
Originalausgabe: Sibbet, David: *Visual Meetings. How Graphics, Sticky Notes and Idea Mapping Can Transform Group Productivity.* Hoboken 2010.
Weiterführend evtl. EIN NEUES PRODUKT (Dokumentarfilm von Harun Farocki, D 2012).[3]

2. Reflexion

Der Modulbaustein ist im Kontext des Seminars *Habitate der Wissensarbeit* im Sommersemester 2015 entstanden, das ich zusammen mit Prof. Matthias Maier für den BA-Studiengang Medienwissenschaft an der Bauhaus-Universität Weimar erarbeitet und angeboten habe. Wie bereits kurz angedeutet, hat der Modulbaustein keine eindeutig benennbaren «Erfinder_innen», sondern ergab sich aus dem Zusammenspiel des Seminarformats mit den Beiträgen der Studierenden. Darauf möchte ich in diesem Punkt eingehen. Außerdem werden einige Details und Beobachtungen zur Sprache kommen.

Die einzelnen Sitzungen des Seminars *Habitate der Wissensarbeit* waren jeweils mit einer Praktik betitelt: Kooperieren, Klassifizieren, Transformieren, Aggregieren, Mitmachen, *Zeichnen*, Anordnen, Modellieren und Iterieren. Außerdem haben wir für jede Sitzung einen Textausschnitt als Arbeitsmaterial vorgegeben.

---

[3] Dieser Film lädt dazu ein, eine kritische Distanz zum Zeichnen in Meetings und den darauf basierenden Sprachspielen des Innovativ-Seins einzunehmen und die Frage zu verfolgen: Was passiert in diesen Prozessen? Was ist das für ein Zusammenspiel aus Bildern, Papieren, der Gruppe, ihren Erfahrungen und Zielen?

Lisa Conrad

Die Studierenden sollten sich zu einer der Sitzungen einteilen[4] und als Gruppe mithilfe eines Leitfadens ein Kurzreferat zum vorgegebenen Text erarbeiten. Der Leitfaden[5] zielte darauf ab, die Anforderungen an das Referat möglichst explizit und nachvollziehbar zu machen. Er teilt sich in die Abschnitte Formalia, Material, Aufbau und Bewertungskriterien, die er jeweils näher bestimmt:

Formalia

- maximal 15 Minuten
- Angabe jeglicher Quellen (von Zitaten, Bildern etc.)
- optional: Präsentationsfolien

Material

- Textangabe aus dem Seminarplan
- optional: weitere Literatur aus dem Seminarplan
- optional: Literatur aus eigener Recherche
- optional: Bespiele/Fälle/Geschichten aus den Nachrichten, aus Filmen, Serien, Ausstellungen, eigene Erfahrungen oder sonstige Erfahrungsberichte

Aufbau

- Ziel: zentrale Argumentationen und Konzepte des vorgegebenen Textes selektieren und der Form des mündlichen Vortrags entsprechend aufbereiten und präsentieren
- stringenter Aufbau ausgehend von den Fragen: Worum geht es? Wie wird argumentiert? Welche Thesen ergeben sich?
- Vortrag in thematisch kohärente Abschnitte teilen
- nah am und mit dem Text arbeiten: genaue Deskription und eingehende Analyse der Argumentation, dann eigenständige Reflexion (Vogelperspektive einnehmen), evtl. Bezug zu anderen Argumentationen herstellen
- Beispiele immer deutlich mit dem Text verbinden, intensiv bearbeiten und nicht bloß zur Illustration aufführen
- Schluss: Welche neuen Fragen ergeben sich?

---

4   Für die Einteilung eignet sich die Methode des Erst-, Zweit- und Drittwunsches. Dazu stellen die Dozent_innen zunächst die Texte kurz vor. Anschließend notieren die Teilnehmenden auf einem Zettel ihren Namen und ihre erste, zweite und dritte Präferenz. Die Dozent_innen sammeln die Zettel ein und erstellen zeitnah eine Zuordnung (wildes Zettel-hin-und-her-Schieben auf dem Schreibtisch), die sie auf der E-learning-Plattform veröffentlichen oder per Mail an die Teilnehmenden kommunizieren.

5   Es ist sinnvoll, sich einen an die eigene Arbeitsweise und den eigenen Stil angepassten Leitfaden zu erarbeiten.

- *Referat mit einer Aufgabenstellung beenden, die anschließend im Plenum, in Kleingruppen, in Zweiergruppen oder einzeln bearbeitet wird*

Bewertungskriterien

- Auswahl der vorgestellten Inhalte: sinnvoll, nachvollziehbar, eigenständig, originell, an den Vortragsumfang angepasst: nicht «viel-hilft-viel»
- Arbeit mit dem Text: genau, analytisch, eigenständig
- Aufbereitung & Präsentation: stringent, übersichtlich, in angemessener Sprache, zuhörer_innenfreundlich

Der Leitfaden gibt vor, das Kurzreferat mit einer Aufgabenstellung enden zu lassen, wobei die Form, die diese Aufgabenstellung annehmen kann, so weit wie möglich offengelassen wurde (siehe Kursiv-Setzung im Leitfaden). Es stand den Studierenden also frei, ihr Referat «klassisch» mit einer Diskussionsfrage abzuschließen oder eine andere Form der weiterführenden Auseinandersetzung zu finden. Einige Gruppen entschieden sich für die Diskussion im Plenum, andere entwickelten auf den Text bezogene Gruppenarbeiten (mit anschließender Präsentation oder Erstellen eines Posters) oder Übungen im Format der Zweier- oder Einzelarbeit. Beispielsweise endete das Referat in der Sitzung «Modellieren» über einen ethnographischen Text zur Materialität von Entwurfsprozessen in der Architektur mit der Aufgabe, mithilfe eines Blatt Papiers ein Gebäude zu modellieren.[6]

Die Einteilung in a) Referat und b) von den Studierenden selbst konzipierten Arbeitsphasen hat dazu geführt, dass sich unsere Rolle als Dozent_innen im Verlauf des Seminars verändert hat. Von Sitzung zu Sitzung hat ein Lernprozess stattgefunden, im Zuge dessen die Studierenden uns immer weniger Verantwortung zugeschrieben und weniger Erwartungen an uns gestellt haben. Sie sind stärker zu eigenverantwortlich Lernenden und aktiv miteinander arbeitenden Personen geworden. Zum Ende des Seminars bestand unsere Rolle darin, den Rahmen der Interaktion bereitzustellen und zu sichern[7] und als wertschätzende Rezipient_innen, Diskussionsteilnehmer_innen und Resonanzgeber_innen aufzutreten.

Die Sitzung zum Thema «Zeichnen» basiert auf einem Ausschnitt aus dem Buch *Visuelle Meetings* (2011) von David Sibbet. Es handelt sich dabei nicht um einen wissenschaftlichen Text im engen Sinne, sondern um eine Form der Ratgeberliteratur, die sich an Praktiker_innen richtet. Das Buch stellt verschiedene Verfahren der Visualisierung von analytischen Prozessen in der Gruppe vor, berichtet von Erfahrungen damit und bietet Hilfestellungen und Anleitungen, um diese Ver-

---

6   Die Idee stammt von Sarah Scheidmantel. Die Textgrundlage war Yaneva, Albena: *The Making of a Building. A Pragmatist Approach to Architecture.* Oxford 2009, S. 128–150.
7   Z. B. Raum aufschließen, Poster/Stifte/Karteikarten und Klebeband mitbringen, Zeiteinteilung kontrollieren.

Lisa Conrad

fahren im eigenen Umfeld umzusetzen. Wissenschaftlich interessant und geeignet ist der Text, weil er die Idee der Verortung von Wissen vorführt und sich gegen jede Art von «god tricks» (Haraway 1988) wendet. Sibbet macht die eigene Sprecherposition deutlich und zeigt den Kontext auf, in dem das Geschilderte zustande gekommen ist. Er erklärt, dass er aus 38 Jahren Erfahrung als Leiter von Meetings schöpft und dabei seit Jahrzehnten eine «zunehmende Kreativität in der Kommunikation» beobachtet. Er beschreibt sich selbst als «Vertreter der visuellen Kommunikation», der sich «von der Arbeit von Architekten und Designern» inspirieren lässt (Sibbet 2011, xi). Sibbet beschreibt Momente der Überraschung, die sich im Verlauf seines Berufslebens ergeben haben, und erklärt, welche Schlüsse er aus ihnen gezogen hat und wie sie in sein Verständnis von Visualisierungsmethoden einfließen. Dem Buch vorangestellt wird die Aussage, dass er Zeichnen nicht als etwas versteht, das Professionalität verlangt, sondern als eine Praxis, die jede_r in sich trägt: «Ich meine hier die Art des Zeichnens, die wir beim Gestikulieren anwenden – einfache, ausdrucksstarke Bewegungen» (Sibbet 2011, xiii). Außerdem unterstreicht er das transformatorische Potential der Arbeit mit Bildern, die sich von etablierten Bildern unterscheiden. Sie können zum Ausgangspunkt für neue Handlungsweisen oder neue Allianzen werden (Sibbet 2011, xii). Insgesamt beruht der praktische Ansatz auf der Annahme, dass analytische, konzeptionelle oder entwerfende Prozesse nicht unabhängig von den Medien zu denken sind, mit und in denen sie stattfinden. Inhalt und Form des Denkens lassen sich nicht voneinander trennen. In diesem Sinn ist er mit medienwissenschaftlichen, pragmatistischen oder an den Science & Technology Studies orientierten Auseinandersetzungen kompatibel.

Im Textausschnitt, den wir für die Sitzung ausgewählt haben (S. 147–156), schildert Sibbet das Mindmap, das Storyboard und die Metapher als Verfahren der Visualisierung. Das Mindmap ist ein etabliertes Verfahren, bei dem ein zentraler Begriff in der Mitte steht und sich davon ausgehend Assoziationen anordnen. Es erlaubt weitere Verästelungen, die Markierung von Verbindungen zwischen einzelnen Elementen über Linien und Pfeile oder die Gruppierung von Begriffen mithilfe von Farben. Mindmaps eignen sich dafür, das diffuse und verstreut vorliegende Wissen einer Gruppe zu ordnen und anschließend zu reflektieren. Das Storyboard kommt aus dem Bereich des Trickfilms. Es betont die zeitliche Dauer eines Phänomens, das es in verschiedene aufeinander folgende Abschnitte teilt und diese jeweils in einem Bild darstellt. Ein Storyboard zu erarbeiten, bedeutet, einen Erzählfluss zu finden, sodass das dargestellte Phänomen einen Anfang, einen Verlauf und ein Ende hat. Es bedeutet auch, den Prozess in einzelne Abschnitte zu teilen, für die jeweils ein anderes Bild steht. Die Methode der Metapher stellt ein Phänomen in Analogie zu einem anderen Phänomen dar. Am Anfang steht die zu vervollständigende Aussage «XY ist wie Z». Sibbet nennt als Beispiel eine Gruppe von Angestellten einer Firma, die das Bild der Farm wählen, um über ihre

Denken als Handwerk

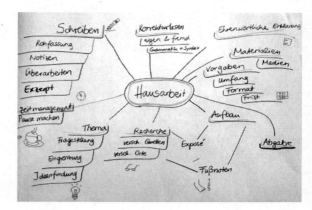

1 Mindmap zum Thema Hausarbeit

2 Storyboard zum Thema Hausarbeit

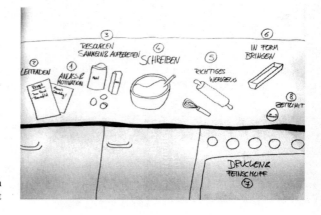

3 Metapher zum Thema Hausarbeit

Zusammenarbeit nachzudenken. Zum Beispiel stehen die Art des Bodens (harter Lehmboden) und das, was die Farm produziert (Weidetiere), für das Marktklima, in dem das Unternehmen agiert, und das eigene Produkt.

In ihrem Referat präsentierten die Textreferentinnen, Laura Jähnert und Nadine Katschmarek, diese drei Verfahren der Visualisierung und erläuterten im Anschluss die nächste Arbeitsphase. Die Aufgabe, die sie entwickelt hatten, bestand darin in Kleingruppen jeweils eine der drei im Text und im Referat präsentierten Methoden der Visualisierung umzusetzen. Sie sollten dazu verwendet werden, sich mit der Frage zu beschäftigen: Wie schreibe ich eine wissenschaftliche Hausarbeit? Die Abbildungen 1, 2 und 3 zeigen die Ergebnisse der Mindmap-, Storyboard- und Metapher-Gruppe.

Das Mindmap versammelt die Hauptaspekte Schreiben, Zeitmanagement, Thema, Recherche, Aufbau, Vorgaben, Materialien, ehrenwörtliche Erklärung und Korrekturlesen, die es jeweils mit weiteren Begriffen erläutert. Schreiben unterteilt sich beispielsweise in Exzerpt, Überarbeiten, Notizen und Rohfassung. Der Punkt Vorgaben unterteilt sich in Umfang, Format und Frist. Kleine Piktogramme ergänzen das Mindmap.

Das Storyboard beginnt mit der Darstellung der Situation, dass eine Gruppe von Studierenden von einer Lehrperson zum Schreiben der Hausarbeit aufgefordert wird. Es folgt eine Phase der kollektiven Ratlosigkeit. In der individuellen Auseinandersetzung mit Literatur bildet sich schließlich eine Idee heraus, die dann in der Gruppe diskutiert wird. In der Phase der Ausarbeitung steht im Vordergrund, Inhalte anzuordnen und zu gliedern. In der letzten Phase kommt die Abgabefrist ins Spiel. Um sie einhalten zu können, findet die Arbeit auch nachts und nicht mehr einzeln, sondern mit Unterstützung durch andere Personen statt. Die Abgabe wird als das Abschicken einer Email mit der Hausarbeit im Anhang dargestellt.

Die Gruppe, die dem Verfahren der Metaphernbildung zugeteilt war, wählte die Küche und das Kuchenbacken als Analogie. Auch für den Kuchen gibt es einen Anlass und eine Motivation, «Mamas Geburtstag!». Der vorgegebene Leitfaden entspricht dem Rezept. Die Zutaten, die für den Kuchen notwendig sind, korrespondieren mit dem Sammeln und Aufbereiten von Ressourcen. Die Phase des Schreibens kommt dem Kombinieren und Verrühren der Zutaten gleich. Dazu ist das «richtige Werkzeug» notwendig. Es folgt die Arbeit des In-Form-Bringens. Der letzte Schritt stellt sich als ebenso notwendig, wie weniger anspruchsvoll dar: Der Kuchen kommt in den Ofen, die Hausarbeit erfährt einen «Feinschliff» (Titelblatt, Seitenzahlen etc.) und wird ausgedruckt. Dabei ist es wichtig, das «Zeitlimit» einzuhalten.

Die Seminarsitzung hat verschiedene, von uns Lehrenden nicht vorhergesehene Reflexionsprozesse angestoßen, von denen ich drei skizzieren möchte.

1. Die Arbeitsphase in Kleingruppen kreierte eine Situation, in der die Studierenden ihre Interaktion miteinander und mit dem Poster beobachten konnten. Sie konnten wahrnehmen, wie sie in diesem Zusammenspiel Wissen zutage fördern, das verteilt in der Kognition und in den Kompetenzen einzelner Personen vorliegt. Im Verlauf der Gruppenarbeit transformierten sich Teile des Wissens der Gruppenmitglieder in Sprache und Inskriptionen. Es zeigte sich, dass das Mittel des Ausdrucks auf die Arbeit der Kognition zurückwirkt. Denn die Frage, was sich überhaupt zeichnen lässt, kanalisierte die Gedanken. Aus dem Abstimmen der Gedanken, die in der Gruppendiskussion entstanden, mit den vorhandenen Fähigkeiten, sie zeichnen zu können, ergaben sich schließlich Zeichnungen. Diese flossen direkt in die Diskussion zurück und bildeten ihren neuen Ausgangspunkt. Das Bild selbst generierte Ideen und setzte unbeabsichtigte Assoziationen in Gang.
2. Die Inskriptionen waren nicht ausschließlich schriftlich, sondern auch ikonisch und symbolisch. Die Kompetenz, solche Inskriptionen anzufertigen, ist in einem geistes- und sozialwissenschaftlichen Studium selten gefragt. So rückten die Personen in den Vordergrund, denen das Zeichnen leichter fällt oder die mehr Übung darin haben. Eine andere Ausdrucksweise war gefragt und damit andere Kompetenzen als die, die sich auf Schrift und Sprache beziehen. So wurden unterschiedliche Modi des Ausdrucks erlebbar, ebenso wie unterschiedliche Grade von Geschicklichkeit in einem bestimmten Modus. Das Zeichnen in der Gruppe erlaubte damit eine Reflexion über Zusammenarbeit und Ideenfindung in ihrer Wechselbeziehung mit der Form, in der sie stattfinden und mit den Werkzeugen, die sie verlangen. Es lassen sich Fragen nach dominanten Formen des Ausdrucks ableiten (Sprache und Schrift), welche Wertigkeiten mit bestimmten Formen verbunden sind und wie die Gelegenheiten verteilt sind, um Kompetenzen im Ausdruck mit einer Form zu erlangen.
3. Alle drei Verfahren der Visualisierungen führten dazu, das Phänomen «Hausarbeit» in seine Bestandteile und eine zeitliche Abfolge zu zergliedern. Es wandelte sich von einer Aufgabe zu vielen kleinen Aufgaben. Diese Aufgaben wurden jeweils mit konkreten Begriffen und mit Bildern versehen. Recherche beispielsweise zergliedert das Mindmap in «verschiedene Quellen» und «verschiedene Orte». Im Storyboard ist diese Aufgabe mit dem Computer verbunden, der den Bibliothekskatalog aufruft, und mit Büchern, die sich auf dem Tisch stapeln. Die Metapher präsentiert Recherche als das Heraussuchen der nötigen Zutaten und ihrer «Aufbereitung». Die zeitliche Dauer der Aufgabe, eine Hausarbeit zu verfassen, und das Durchlaufen verschiedener Arbeitsphasen, die jeweils mit bestimmten Orten und Materialien verbunden sind, traten so hervor. Das Verfassen einer Hausarbeit wurde stärker als erlern- und trainierbare Praxis gerahmt.

Lisa Conrad

3. Schluss

Eine Hausarbeit zu schreiben ist eine Aufgabe, die sich nur schwer in eine Anleitung übersetzen lässt. Zu Beginn des Studiums präsentiert sie sich vielen Studierenden als rätselhafter Auftrag (wie z. B. das zweite Bild im Storyboard zeigt). Die kollektive und zeichnende Auseinandersetzung mit dieser unhinterfragten Form der Prüfungsleistung hilft, sie zu entmythisieren. Sie bringt das Zusammenspiel zwischen individuellen und kollektiven Denkprozessen und dem Arbeitsmaterial als Trägermedium dieser Prozesse zum Vorschein. Auch die Übung im Umgang mit einer bestimmten Form präsentiert sich als Teil des Bedingungsgefüges, aus dem Gedanken, Ideen und Erkenntnisse emergieren. Daneben wird das Phänomen Hausarbeit von einer monolithischen und diffusen Aufgabe zu verschiedenen und etwas klarer bestimmbaren Aufgaben. Das soll nicht heißen, dass sich wissenschaftliches Arbeiten plötzlich eindeutig und transparent darbieten kann. Dieser Anspruch ist für eine Praxis, die so viel mit inkorporiertem Wissen und Routinen zu tun hat, nicht zu erfüllen. Vielleicht ähnelt wissenschaftliches Arbeiten dem Fahrradfahren und dem Schwimmen mehr, als wir denken. Es lässt sich außerdem die Frage ableiten, wie es kommt, dass wissenschaftliches Arbeiten so stark von dieser spezifischen Form geprägt ist – vom Fließtext, von der Recherche in Bibliotheken oder von der dezimalen Gliederung. Welche Annahmen über die Institution Wissenschaft und ihre Praktiken kommen darin zum Ausdruck?

Der Modulbaustein «Denken als Handwerk» kann Teil einer Auseinandersetzung mit wissenschaftlicher Praxis sein, er kann aber auch Wissensarbeit in einem allgemeineren Verständnis thematisieren. Es existieren zahlreiche Definitionen von Wissensarbeit und verwandten Begriffen, die jeweils versuchen, eine spezifische Qualität herauszustellen, die diese Arbeit gegenüber anderen Formen der Arbeit auszeichnet. Doch der Begriff der Wissensarbeit lässt sich auch für eine Perspektive verwenden, die den Einsatz, die Generierung und die Verwaltung von Wissen fokussiert, ungeachtet um welche Tätigkeiten oder Berufsbilder es sich handelt (siehe z. B. Rose 2004). Analyse, Erörterung, Planung oder Gestaltung sind Wissenspraktiken, die nicht bestimmten Berufen oder Karrierestufen vorbehalten sind. Die vorgestellte Lehreinheit entwirft Wissensarbeit am Beispiel von wissenschaftlicher Arbeit als eine Reihe von Tätigkeiten, die sich nicht auf Kognition reduzieren lassen, sondern mit materiellen Umgebungen, verschiedenen Trägermedien und der Geübtheit im Umgang mit ihnen verbunden sind. Sie zeigt auf, inwiefern Variationen dieser Bestandteile von Wissensarbeit zu anderen Atmosphären und anderen Auseinandersetzungen mit anderen Ergebnissen führen. Sie ermuntert dazu, kognitive Arbeit als Praxis zu verstehen, sie selbstständig zu gestalten und je nach Situation, Lerntyp oder Arbeitsphase anzupassen, anstatt bestimmte Formen und damit verbundene Vorstellungen des Arbeitens, Lernens oder der Prüfung fraglos zu übernehmen. Letztendlich möchte der Modulbaustein eine Idee davon geben, inwiefern die Fähigkeiten zu Analyse, Innovation oder Kreativität nicht allein mit Begabung oder «Intelligenz» zu tun haben, sondern dass die Verfahren der Zusammenarbeit, die zur Verfügung stehenden Werkzeuge und der geübte Umgang mit ihnen einen beträchtlichen Anteil daran haben.

Literatur

Beck, Stefan: Anmerkungen zu materiell-diskursiven Umwelten der Wissensarbeit. In: Gertraud Koch/Bernd Jürgen Warneken (Hg.): *Wissensarbeit und Arbeitswissen. Zur Ethnografie des kognitiven Kapitalismus.* Frankfurt 2012, S. 27–39.

Dewey, John: *Die Suche nach Gewißheit. Eine Untersuchung des Verhältnisses von Erkenntnis und Handeln.* Frankfurt 1998.

Haraway, Donna: Situated Knowledges: The Science Question in Feminism and the Privilege of Partial Perspective. In: *Feminist Studies* 14/3, 1988, S. 575–599.

Helmes, Günter/Köster, Werner: *Texte zur Medientheorie.* Stuttgart 2004.

Knorr-Cetina, Karin: *Die Fabrikation von Erkenntnis. Zur Anthropologie der Naturwissenschaft.* Frankfurt 1984.

Latour, Bruno/Woolgar, Steve: *Laboratory Life: The Construction of Scientific Facts.* Beverly Hills, CA 1979.

Magnani, Lorenzo: Reasoning through doing. Epistemic mediators in scientific discovery. In: *Journal of Applied Logic* 2/4, 2004, S. 439–450.

Rose, Mike: *The Mind At Work. Valuing the Intelligence of the American Worker.* London 2004.

Sibbet, David: *Visuelle Meetings. Meetings und Teamarbeit durch Zeichnungen, Collagen und Ideen-Mapping produktiver gestalten.* Heidelberg 2011.

Yaneva, Albena: *The Making of a Building. A Pragmatist Approach to Architecture.* Oxford 2009.

Sarah Czerney

Europa und ihre Geschichten

Europa ist eine Frau: Im antiken Mythos von Europa und dem Stier, auf Landkarten aus dem 16. Jahrhundert und in Allegorien ist Europa weiblich. Die Präsentation in weiblicher Form gilt als eine der ältesten Arten, Europa darzustellen (Schmale 2000). Sieht man sich jedoch aktuelle Beispiele von Inszenierungen Europas und europäischer Geschichte an, so hat sich Europa offensichtlich einer Geschlechtsumwandlung unterzogen: Ob im Sachverständigenausschuss, der derzeit das *Haus der Europäischen Geschichte* in Brüssel plant, in Oral-History-Projekten zur Geschichte der europäischen Integration oder bei Verleihungen von Preisen zur kulturellen Zusammenarbeit in Europa – diejenigen, die Europa und seine Geschichten verhandeln, sind überwiegend männlich.

Der Modulbaustein, den dieser Artikel vorstellt, beschäftigt sich mit diesem Phänomen. Was hat Gender mit Europa und europäischer Geschichte zu tun? Und welche Rolle spielen Medien dabei? Ziel des Bausteins ist es, Studierende am Beispiel Europas und europäischer Geschichte für die Bedeutung von Gender für Erinnerungskultur und Geschichtsschreibung zu sensibilisieren. Wer kommt in offiziellen Geschichts- und Erinnerungsdiskursen vor und wer nicht? Darüber hinaus lenkt der Baustein den Blick auf die Medienabhängigkeit von Geschichtsschreibung und Erinnerungskultur und diskutiert Vorschläge für gendergerechte Erinnerungskultur.

Der 90-minütige Modulbaustein kann in verschiedenen Disziplinen eingesetzt werden, ist aber besonders für Medienwissenschaft, Gender Studies, Kulturwissenschaft, European Studies und Geschichtswissenschaft geeignet und wurde bereits in einem Seminar im Studiengang «Europäische Medienkultur/Medienwissenschaft» an der Bauhaus-Universität Weimar erprobt. Der erste Teil des Kapitels präsentiert detailliert den Modulbaustein sowie die einzelnen Phasen der Sitzung und präzisiert die didaktische und methodische Funktion der einzelnen Arbeitsschritte. Der zweite Teil beschreibt das methodendidaktische Herangehen an die Sitzung (Inputphasen abwechselnd mit Gruppenarbeits- und Präsentationsphasen). Der dritte Teil des Kapitels berichtet von der Durchführung und widmet sich der Reflexion: Was hat in der Durchführung gut funktioniert? Was könnte verbessert werden?

Europa und ihre Geschichten

Welche weitergehenden Fragen haben sich ergeben? Ziel des Kapitels ist es, einen Vorschlag für einen Modulbaustein zum o.g. Thema zu machen, der genauso oder in abgewandelter Form angewendet werden kann. Darüber hinaus will das Kapitel zum Nachdenken und zur Diskussion über Form und Inhalt gender- und diversitysensibler Lehre anregen.

Bevor ich auf die methodisch-didaktische Ausrichtung der Seminarsitzung eingehe und die Durchführung reflektiere, stelle ich im Folgenden zunächst den Modulbaustein vor.

1. Modulbaustein «Europa und ihre Geschichten»

Curriculare Verankerung:
Medienwissenschaft, European Studies/Europawissenschaft, Gender Studies, Geschichtswissenschaft

Seminar-/Lernziele:
Fachliche Ziele:
- Verständnis der Zentralität der Kategorie Gender für Erinnerungskultur, insbesondere in Bezug auf Europa und mediale Inszenierungen Europas
- Verständnis der Wichtigkeit von Medien für Erinnerungskultur
- Reflexion über Möglichkeiten aktueller gendersensibler Erinnerungskultur und ihrer Medien

Überfachliche Ziele:
- Verständnis von Wissenschaftskritik und hegemonialen Strukturen in Geschichtsschreibung und Erinnerungskultur, Verständnis der politischen Relevanz von Geschichtsschreibung und Erinnerungskultur
- Organisation und Moderation von Arbeit in Kleingruppen
- Sensibilisierung für Probleme beim Arbeiten in Gruppen

Einstieg

Inhalt: Erinnerungskultur und Geschichtsschreibung sind seit dem 18. und 19. Jahrhundert eng mit dem Konzept der Nation verknüpft, denn sie dienten dazu, die neu entstehenden Nationen durch den Blick zurück in eine als gemeinsam inszenierte Geschichte zu legitimieren. Da das Konzept der Nation auf dem bürgerlichen Geschlechtermodell (Männlichkeit-aktiv, öffentlich/Weiblichkeit-passiv, privat, innerhäuslich) aufbaut, ist auch eine national dominierte Erinnerungskultur bis heute oft auf diese Weise gegendert: Frauen und ihre Erfahrungswelten kommen in offiziellen Historiografien und Erinnerungspraktiken kaum vor. Dies arbeiten Sylvia Schraut und Sylvia Paletschek in ihrem Text *Erinnerung und Geschlecht – Auf der Suche nach einer transnationalen Erinnerungskultur in Europa* (Schraut/

Paletschek 2009) am Beispiel der «Deutschen Erinnerungsorte» (François/Schulze 2009) heraus. Sie stellen des Weiteren fest, dass der Bezug auf die Nation für eine gendersensible Erinnerungskultur hinderlich ist, und machen verschiedene Vorschläge, wie diese stattdessen gestaltet werden könnte: So könnten weiblich konnotierte «private» Erinnerungen in offiziell verankerte Geschichtsdiskurse aufgenommen und Historiografie und Erinnerungskultur auf andere als nationale Bezugsrahmen ausgerichtet werden (regional, transnational oder europäisch). Des Weiteren könnte Schraut und Paletschek zufolge der Einsatz anderer Medien als Schrift, z. B. des Internets, für Geschichtsschreibungen und Erinnerungspraktiken helfen, gegenderte Narrative aufzubrechen, da es demokratisch, transnational, heterogen und nicht hierarchisch organisiert sei. Diese Vorschläge, sowie die allzu euphorische und vereinfachende Anpreisung des Internets als demokratisierendes Medium können im Seminar diskutiert werden.[1]

Didaktischer Kommentar: Die Studierenden bekommen einen Einblick in Zusammenhänge zwischen Erinnerungskultur, Nation und Gender. Sie werden dazu angeregt, sich kritisch mit Schriftlichkeit als Kulturtechnik und ihrer Bedeutung für gegenderte Geschichtsnarrative auseinanderzusetzen. Des Weiteren werden Anknüpfungspunkte für die Schaffung gendersensibler Erinnerungskulturen diskutiert.

Methodischer Kommentar: Die Studierenden haben den Text von Schraut und Paletschek (2009) als Vorbereitung auf die Sitzung gelesen. Mit dem Fokus auf die Seiten 15–17 und 23–25 bekommen sie die Aufgabe, die für sie wichtigste These des Textes herauszuschreiben. Die zweite Frage für die Arbeitsphase lautet: Welche Vorschläge machen die Autorinnen, um eine gendersensible Erinnerungskultur zu schaffen? Für beide Fragen haben die Studierenden 15 Minuten Zeit. In einem zweiten Schritt sollen sie sich mit ihre_m_r Nachbar_in austauschen und die Ergebnisse diskutieren. Die Ergebnisse werden zehn Minuten im Plenum diskutiert und die Ergebnisse (die Hauptaussagen und Vorschläge des Textes) von der Dozentin für alle sichtbar festgehalten, z. B. in Form eines Mind Maps, eines Clusters oder einer Liste.

Medien/Material: Kopien des Textes für jede_n Studierende_n, Flipchart, Whiteboard oder Tafel, Stifte.

---

[1] Wie zum Beispiel die Gamergate-Affaire im Sommer 2014 gezeigt hat, ist das Internet mitnichten ein demokratisches, hierarchiefreies Medium: So werden übermäßig oft Frauen und insbesondere Women of Color Opfer von Hate Speech im Internet (Nakamura 2014). Zu Hate Speech gegen Feminist_innen im Internet siehe auch Wizorek (2015).

Europa und ihre Geschichten

Arbeitsphase

Inhalt: In vorhergehenden Sitzungen wurde im Seminar – ausgehend von Theorien zur medialen Historiografie (Engell/Vogl 2001, Engell 2003, Rau 2007, Erll 2005) – ein differenzierter Begriff von Historiografie entwickelt, der Historiografie als Teil übergreifender Erinnerungskulturen und kultureller Gedächtnisse begreift. Zudem wurde erarbeitet, inwiefern Geschichtsschreibung auch in anderen Medien als Schrift stattfinden kann (z. B. im Kino, im Fernsehen, in Museen). Diese Vorarbeit ist wichtig für die Rahmung dieses Arbeitsschrittes, aber keine notwendige Voraussetzung.

Grundlage dieses Arbeitsschritts bilden fünf Fallbeispiele, die in unterschiedlicher Form und verschiedenen Medien Bezug auf Europa nehmen und ein gegendertes Bild Europas und europäischer Geschichte inszenieren:
– eine Pressemitteilung mit Foto von der Preisverleihung des Adam Mickiewicz-Preises des Weimarer Dreiecks zur europäischen Zusammenarbeit 2009, auf dem Männer in Anzügen zu sehen sind.
– das Interviewprojekt *Voices on Europe* der Europäischen Kommission, das fast ausschließlich Erinnerungen von männlichen Politikern und Entscheidungsträgern archiviert.
– ein Foto der Sachverständigenkommission des *Hauses der Europäischen Geschichte*, das derzeit in Brüssel entsteht. Auch dieses Bild zeigt bis auf zwei Frauen ausschließlich Männer.
– die Erzählung des antiken Mythos Europa nach Moschos und zwei bildliche Darstellungen dieses Mythos, auf denen Europa als Frau gezeigt wird.
– drei historische Landkarten Europas aus dem 16. Jahrhundert, auf denen Europa als weiblicher Körper dargestellt ist.

Jedes Fallbeispiel ist in einer Ecke des Raumes ausgelegt oder an die Wand gehängt. Die Studierenden wählen ein Beispiel aus und kommen in fünf Kleingruppen von drei bis fünf Personen zusammen, die innerhalb von 15 Minuten folgende Fragen bearbeiten:
– Worum handelt es sich? Was ist das?
– Worum geht es?
– Was ist zu sehen?
– Welche Medien werden verwendet, um Europa und europäische Geschichte zu zeigen?
– Wie ist Europa dargestellt?
– Wer handelt? Wer bestimmt darüber, wie Europa aussieht?
– Welche Rolle spielt Gender für die Darstellung Europas und europäischer Geschichte?

Auf den ersten Blick ist auffällig, dass Europa sich im Laufe der Zeit scheinbar einer Geschlechtsumwandlung unterzogen hat: Wurde Europa im antiken Mythos und im 16. Jahrhundert als weiblicher Körper symbolisiert, so sind die Akteur_innen, die heute über Europa und europäische Geschichten entscheiden, dominant männlich. Die bearbeiteten Beispiele entwerfen ein binäres Geschlechterverhältnis, das sich noch immer am bürgerlichen Geschlechtermodell orientiert: Während Weiblichkeit auf der symbolisch-allegorischen Ebene angesiedelt ist und als Symbol passiv bleibt, wird Männlichkeit durch die Darstellung konkreter Akteure als aktiv entworfen. Des Weiteren wird anhand der verschiedenen Beispiele klar, dass sich Bilder Europas und europäischer Geschichte in ganz unterschiedlichen Medien finden: in bildlichen Darstellungen eines antiken Mythos, in Landkarten, Fotografien, Museen und in Transkripten von Oral-History-Interviews.

Jede Gruppe präsentiert ihre Ergebnisse in einer selbstgewählten Form (Vortrag, Poster, Mind Map). Daran anschließend folgt eine von der Seminarleitung moderierte Diskussion, die die zwei Arbeitsschritte zusammenbringt. Leitende Fragen können sein:
- Welche gegenderten Codierungen kommen in Inszenierungen Europas und europäischer Geschichte vor?
- Wie haben sich diese gegenderten Vorstellungen Europas über die Zeit verändert?
- Wie funktioniert gegenderte Geschichtsschreibung und Erinnerungskultur Europas?
- Wie könnte eine gendersensible Geschichtsschreibung aussehen?

Didaktischer Kommentar: Die Studierenden setzen sich kritisch mit verschiedenen Inszenierungen europäischer Geschichte und Europas in unterschiedlichen Medien auseinander und werden dazu angeregt, dabei auf binär entworfene Geschlechterkonstruktionen und verschiedene Medien der Inszenierung Europas und europäischer Geschichte zu achten. Dadurch wird der im ersten Arbeitsschritt eingeführte Zusammenhang zwischen Erinnerungskultur, Medien, Europa und Gender vertieft.

Methodischer Kommentar: Kleingruppenarbeit mit Fokusfragen, Zusammentragen der Antworten auf die Fragen, Präsentation der Antworten im Plenum, Diskussion

Medien/Material:
1. Pressemitteilung mit Foto zur Preisverleihung des Adam Mickiewicz-Preises des Weimarer Dreiecks 2009, online unter http://bit.ly/1OHLLp4 (zuletzt aufgerufen am 06.10.2015)

Europa und ihre Geschichten

2. Interviewprojekt *Voices on Europe*, online unter http://bit.ly/24wKSvj (zuletzt aufgerufen am 06.10.2015)
3. Konzeptpapier *Haus der Europäischen Geschichte* vom Oktober 2008, insbesondere das Foto der Mitglieder des Sachverständigenausschusses auf S. 4, online unter http://bit.ly/1WS56d8 (zuletzt aufgerufen am 06.10.2015)
4. Mythos Europa nach Moschos (Renger 2003, 25–30) und bildliche Darstellungen des Mythos (Teller und Mosaik) (Dommermuth-Gudrich 2005, 108f.)
5. Abbildungen von Landkarten Europas aus dem 16. Jahrhundert (Schmale 2000, 223–226)

Abschluss

Blitzlicht: Die Teilnehmenden (auch die Seminarleitung) sagen zum Abschluss einen bis drei Sätze dazu, welchen Punkt sie am spannendsten fanden, was sie am meisten überrascht hat oder worüber sie noch nachdenken müssen. Das Blitzlicht wird von der Dozentin nicht kommentiert.

2. Methode: Kleingruppenarbeit mit Fokusfragen

In Auseinandersetzungen und Diskussionen mit Kolleg_innen und Freund_innen in der Schöner-Lehren-Gruppe an der Bauhaus-Universität Weimar bin ich auf Ansätze konstruktivistischer Didaktik aufmerksam geworden und verwende diese in einem lernenden Prozess mit wachsendem Enthusiasmus in meinen Lehrveranstaltungen. Im Gegensatz zu meinen Erfahrungen als Studentin, in denen Seminare meist Vorlesungen in kleineren Gruppen waren, verstehe ich eine Seminarsituation nicht als Ort, an dem eine Person als Autorität (oft in Form eines Monologs) vorgibt, was gelernt werden soll. Stattdessen geschieht Lernen meiner Ansicht nach durch das Zusammentreffen verschiedener Personen im Raum – also situiert, interaktiv, ergebnisoffen und für jede_n unterschiedlich. Meine Aufgabe als Lehrende sehe ich darin, einen Rahmen für diesen Lernprozess zu schaffen, vielfältige Angebote zu machen, den Prozess moderierend zu begleiten und selbst zuhören und lernen zu wollen. Als sehr geeignet für diese Art von Lehre empfinde ich aktivierende Methoden, die die Teilnehmenden nicht als passive Rezipient_innen, sondern als Initiator_innen und Akteur_innen im Lernprozess ansprechen. Dies schließt das Arbeiten in Gruppen ein, denn Lernen geschieht meiner Erfahrung nach nicht isoliert im Kopf jede_r_s Einzelnen, sondern im Zusammendenken, Sprechen und im Austausch mit anderen. Eine dieser Methoden, auf denen der Modulbaustein aufbaut, möchte ich im Folgenden exemplarisch vorstellen.

Die Studierenden kommen in Kleingruppen von drei bis fünf Personen zusammen und bearbeiten verschiedene Beispiele von Inszenierungen Europas und europäischer Geschichte. Diese bedienen sich ganz unterschiedlicher Medien und stammen aus diversen historischen Kontexten: Landkarten aus dem 16. Jahrhundert, die Europa als weiblichen Körper zeigen, bildliche Darstellungen des antiken Europamythos', in dem Europa ebenfalls als Frau dargestellt ist, das Foto einer Preisverleihung zur europäischen Zusammenarbeit, ein Interviewprojekt der Europäischen Kommission aus der Gegenwart, das die Geschichte der europäischen Integration erzählt, und ein Foto des Sachverständigenausschusses, der derzeit in Brüssel ein europäisches Museum entwirft. Jedes Beispiel ist in einer Ecke des Seminarraums ausgelegt oder aufgehängt. Die Studierenden gehen im Raum herum und wählen ein Fallbeispiel aus, das sie interessiert. Um sich einem Fall zuzuordnen und die Kleingruppen zu organisieren, müssen die Studierenden ihre Sitzanordnung im Seminarraum verlassen. Jede Gruppe nähert sich ihrem Fall anhand von Fokusfragen, die die Seminarleitung für alle sichtbar anschreibt oder aufhängt (siehe Modulbaustein). Nach 15 bis 20 Minuten präsentieren die einzelnen Gruppen die Hauptgedanken ihrer Diskussion. Wenn mehr Zeit für diesen Arbeitsschritt eingeräumt wird, ist es auch möglich, die Ergebnisse in verschiedenen Formaten präsentieren zu lassen, z. B. als Poster oder Mind Maps. Dies hat den Vorteil, dass die Gedanken der Gruppen festgehalten werden und damit in den nächsten Seminarsitzungen weitergearbeitet werden kann. Nach der Präsentation folgt eine Diskussion im Plenum, in der die Ergebnisse der Kleingruppenarbeit zu den einzelnen Fällen mit den Thesen des zu Beginn erarbeiteten Textes konfrontiert werden. Die Seminarleitung kann die wichtigsten Stichwörter an der Tafel oder auf einem Flipchart festhalten.

Die Beschäftigung mit verschiedenen Inszenierungen Europas und europäischer Geschichte anhand von Fokusfragen regt dazu an, über die geschlechtlichen Codierungen Europas nachzudenken: Welche Bilder von Männlichkeit und Weiblichkeit werden wie konstruiert? Wie ist das Verhältnis zwischen Männlichkeit und Weiblichkeit entworfen? Darüber hinaus hilft die Arbeit mit den unterschiedlichen Fällen, den Blick für vielfältige Entwürfe Europas und seiner Geschichten in diversen Medien zu weiten.

3. Bericht über die Durchführung/Reflexion

Ein wichtiger Bestandteil gendergerechter Lehre besteht für mich darin, möglichst alle Teilnehmenden anzusprechen und in die Sitzung einzubinden. Dazu gehört auch, die sprachliche Diversität der Studierenden nicht als Hindernis, sondern als Chance für die Arbeit im Seminar zu begreifen. Die Gruppe der Studierenden, mit der ich diesen Modulbaustein erprobt habe, bestand zu einem Drittel aus Studierenden, deren Muttersprache nicht Deutsch, sondern Französisch ist. Um der sprachlichen Diversität Rechnung zu tragen und um auch die Nicht-Muttersprachler_innen anzusprechen, habe ich versucht, während der Sitzung Fragen oder Zusammenfassungen auf Französisch zu formulieren. Außerdem habe ich zu Beginn der Sitzung gesagt, dass Beiträge auf Deutsch, Französisch oder Englisch willkommen sind. Mein Bemühen, in einer Fremdsprache zu formulieren, die Fehler, die ich dabei gemacht habe, sowie die Bereitschaft, das Seminar mehrsprachig zu gestalten, haben, so mein Eindruck, dazu beigetragen, Hemmungen der Studierenden vor einem Seminarbeitrag in einer Fremdsprache abzubauen.

Darüber hinaus hat die Unterteilung der Seminarsitzung in verschiedene Aufgaben, die zu zweit oder in kleinen Gruppen zu bearbeiten sind, in der Erprobung dieses Modulbausteins geholfen, so viele Teilnehmende wie möglich einzubinden. Die Arbeit in Kleingruppen trägt meiner Erfahrung nach stark dazu bei, die üblichen Hierarchien einer Seminarsituation zwischen Seminarleitung und Teilnehmenden, aber auch innerhalb der Studierendengruppe zumindest teil- und zeitweise zu durchbrechen. So haben sich beispielsweise in der Diskussion zur Textarbeit im ersten Arbeitsschritt der Sitzung mehr und auch andere als die üblichen Studierenden zu Wort gemeldet, weil sie ihre Ergebnisse vorher schon zu zweit besprochen hatten. Sobald man einmal im Seminar gesprochen hat, so scheint es mir, ist es einfacher, sich wieder zu Wort zu melden. Dies zeigte sich auch in der anschließenden Kleingruppenarbeit zu den einzelnen Fallbeispielen, die sehr lebhaft ablief.

Bei der Organisation von Kleingruppen habe ich sehr gute Erfahrungen damit gemacht, dazu aufzufordern, die Sitzanordnung des Seminarraums zu verändern (Tische und Stühle umzuräumen) oder den Seminarraum für die Arbeitsphase zu verlassen. Auch ich selbst verlasse für diese Zeit oft den Seminarraum. Die räumlich verordnete Hierarchie zwischen Seminarleitung (vorn) und Teilnehmenden (in Reihen oder einem U davor) kann so aufgebrochen werden, was wiederum dabei hilft, mehr Studierende in die Diskussionen einzubinden. Auch die körperliche Bewegung beim Tische-Verrücken und/oder draußen Arbeiten trägt zur Auflockerung eingefahrener Seminarstrukturen bei. Außerdem führt die Umgestaltung des Seminarraums dazu, dass die Position, von der aus Gedanken und Fragen präsentiert werden, vervielfältigt wird und nicht nur vorn im Seminarraum verortet ist. So saßen Studierende zur Präsentation zum Beispiel auf den Tischen oder standen an einem selbstgewählten Ort im Raum, wo sie ihre Poster mit den Ergebnissen der Gruppenarbeit an der Wand befestigt hatten. Dadurch, dass die Gruppen zu unterschiedlichen Fällen gearbeitet hatten, gab es zudem mehrere Expert_innen im Raum und nicht nur die «wissende Autorität der Seminarleitung».

Die Teilnehmenden mit ihren diversen Hintergründen durch verschiedene Inhalte anzusprechen, Räume und Zeiten für eigenes Denken zu geben, und dabei zu versuchen, die üblichen Dynamiken und Hierarchien in Seminarsituationen aufzubrechen (Wer spricht wann wie viel? Wer bekommt wie viel Raum?), halte ich für Kernelemente gender- und diversitysensibler Lehre. Im Fall des hier vorgeschlagenen Bausteins ist allerdings zu überlegen, inwieweit die Rahmung der Gruppenarbeitsphase durch vorgegebene Fallbeispiele und durch Fokusfragen tatsächlich Raum für eigene Ideen und Gedanken lässt oder ob die finale Autorität doch bei der Lehrenden bleibt. Um diesen Punkt aufzubrechen, könnte man die Zusammenfassung wichtiger Punkte nicht der Lehrenden überlassen, sondern ebenfalls an die Studierenden übergeben, zum Beispiel in Form eines Essays oder eines Blitzlichts zu Beginn der folgenden Sitzung. Das Spannungsfeld zwischen Anleitung-Bieten und Freiräume-Lassen bleibt aber eine große Herausforderung gender- und diversitysensibler Lehre.

Ein weiterer Punkt, der mich nach der Seminarsitzung beschäftigt hat, wurde durch das Blitzlicht am Ende der Sitzung ausgelöst: Zum Abschluss formulierten alle Teilnehmenden ihre Gedanken zur Sitzung in ein bis drei Sätzen, die unkommentiert im Raum stehen blieben. Erstaunlicherweise brachte der Großteil der Studierenden ihre Verwunderung darüber zum Ausdruck, dass die Sitzung explizit Gender thematisiert hatte. Sie seien doch alle emanzipiert und gleichberechtigt, «das mit dem Gender» sei also ein Thema der Vergangenheit und habe nichts mit ihrem Leben zu tun, so der Tenor. Einige, insbesondere die teilnehmenden Frauen, setzten interessanterweise Gender auch mit (für sie eindeutig negativ konnotiertem) Feminismus gleich, obwohl das Wort Feminismus in der Sitzung nicht gefallen war. Die Fallbeispiele, die in der Sitzung bearbeitet wurden, waren scheinbar zu weit entfernt von der Lebenswirklichkeit der Studierenden. Mir stellt sich im Nachgang die Frage, wie ich den Zusammenhang zwischen medialer Repräsentation und eigenem Leben hätte deutlicher machen können. Wie könnte man die politische Dimension von Repräsentation stärker thematisieren? Wie könnte man zeigen, dass es eben nicht nur um fotografische Bilder von Politikern in Anzügen, um antike Mythen oder um weit entfernte Museen geht, sondern um Handlungsmacht, das eigene Selbstbild und Selbstvertrauen, das darauf aufbaut, ob und in welchen Räumen ich mich repräsentiert fühle?[2]

Des Weiteren thematisiert der Modulbaustein nicht genügend die grundsätzliche Intersektionalität von Gender und anderen Strukturkategorien wie Race, Class, Age, Ableism[3], Sexualität etc. Der die Sitzung einleitende Text von Schraut und Paletschek greift Intersektionalität nicht auf. Die Gefahr liegt deshalb darin,

---

2   Ich freue mich über Vorschläge und Ideen an: sarah.czerney@gmail.com.
3   Der Begriff «Ableism» kommt aus der US-amerikanischen Behindertenbewegung und den Disability Studies und erweitert – im Gegensatz zu dem im Deutschen gebräuchlichen Wort «Behindertenfreundlichkeit» – den Fokus auf Körper allgemein. «Ableism ist die Beurteilung von Körper und Geist anhand von Fähigkeiten – der ‹Wert› eines Menschen entscheidet sich dabei danach, was sie oder er ‹kann› oder ‹nicht kann›.» Begriff «ableism» im Lexikon auf der Seite der Aktion *Mut gegen rechte Gewalt* der Amadeu Antonio Stiftung und des *stern*: http://bit.ly/1QGoIwi (zuletzt aufgerufen am 01.03.2016).

dass die Studierenden nach der Sitzung den Eindruck haben, Gender meine ausschließlich «Männer» und «Frauen». Auch hier müsste nachgebessert und zum Nachdenken darüber angeregt werden, welche Strukturkategorien noch daran mitarbeiten, wer in offiziellen Erinnerungs- und Geschichtsdiskursen in Museen, Filmen, Geschichtsbüchern, Mahnmalen vorkommt und wer nicht. Eine Möglichkeit bestünde darin, an diese Sitzung anknüpfend Ansätze der Postcolonial Studies zu Europa einzuführen und die vorgeschlagenen Fallbeispiele erneut unter diesen Gesichtspunkten zu diskutieren (z. B. Hansen 2002, Ponzanesi/Blagaard 2012, Bhambra 2009). Darüber hinaus sollte die Seminarleitung in der Zusammenfassung der Arbeitsphasen immer wieder thematisieren, dass Gender keine biologisch-natürliche Kategorie meint, sondern sozial und medial konstruiert wird. Außerdem ist es wichtig, herauszuarbeiten, dass es nicht um «Männer» und «Frauen», sondern um mediale Entwürfe von Männlichkeit und Weiblichkeit geht.

4. Gender-Modulbausteine als Alibi

Über die angesprochenen Aspekte hinaus beschäftigt mich schließlich eine grundsätzliche Frage diesen ganzen Sammelband betreffend: Läuft ein 90-minütiger Modulbaustein nicht Gefahr, ein Format zu bieten, mit dem Gender und damit verwobene Strukturkategorien als Nischenthema in einer Sitzung abgehandelt werden können, ohne dass Lehrinhalte und -formate grundsätzlich in Frage gestellt werden? Gerade in Hinblick auf omnipräsente Evaluierungen von Forschungs- und Lehreinrichtungen beobachte ich eine zunehmende Alibi-Funktion des «Gender-Themas»: «Die Gender-Frage» ist in dieser Perspektive etwas, das Universitäten und Forschungseinrichtungen adressieren müssen, um vor Evaluierungskommissionen und Geldgeber_innen positiv dazustehen. An Hierarchien, Lehrformaten, Inhalten und Stellenbesetzungen ändert das aber oft wenig. Universitäten und Forschungseinrichtungen sind in Deutschland noch immer weitgehend ein white male club. Ein Modulbaustein, wie der hier vorgestellte, läuft deshalb Gefahr, eine solche Alibi-Funktion zu erfüllen: Seht her, «das mit dem Gender» machen wir auch. Ernst genommen müsste diese Methodensammlung aber dazu führen, dass auch die Inhalte und Formen der restlichen Lehrveranstaltungen, Tagungen, Kolloquien, Berufungsverfahren etc. daraufhin befragt werden, wem sie wie viel Raum geben, welche Theoretiker_innen gelesen werden, wie Podien besetzt werden, wer repräsentiert wird und wer nicht und welche Formate dazu führen, wer sich angesprochen fühlt und wer nicht. Eine Nutzung dieser Methodensammlung als einmalige Ergänzung des Seminarplans versteht deshalb das Anliegen dieses Bandes falsch: Gender ist ein Querschnittsthema und führt, wird es ernst genommen, zur konsequenten Hinterfragung struktureller Machtmechanismen und der eigenen Positionierung in diesen Strukturen.

Sarah Czerney

Literatur

Bhambra, Gurminder K.: Postcolonial Europe: Or, Understanding Europe in Times of the Postcolonial. In: Chris Rumford (Hg.) *The SAGE Handbook of European Studies*. London 2009, S. 69–85.

Dommermuth-Gudrich, Gerold: *50 Klassiker Mythen. Die bekanntesten Mythen der griechischen Antike*. Hildesheim 2005.

Engell, Lorenz/Vogl, Joseph: Editorial. In: *Archiv für Mediengeschichte: Mediale Historiographien* (1), 2001, S. 5–8.

Engell, Lorenz: Historizität als Medien-Struktur. In: Joan Kristin Bleicher (Hg.) *Fernsehgeschichte. Modelle – Theorien – Projekte*. Hamburger Hefte zur Medienkultur (2), 2003, S. 23–35.

Erll, Astrid: *Kollektives Gedächtnis und Erinnerungskulturen*. Stuttgart 2005.

François, Étienne/Schulze, Hagen: *Deutsche Erinnerungsorte*. 3 Bde. München 2009.

Frevert, Ute/Pernau, Margrit: Europa ist eine Frau: jung und aus Kleinasien. Beitrag zum Themenschwerpunkt «Europäische Geschichte – Geschlechtergeschichte». In: *Themenportal Europäische Geschichte*, 2009 (http://bit.ly/1QQ8YwU, 01.03.2016).

Hansen, Peo: European Integration, European Identity and the Colonial Connection. In: *European Journal of Social Theory* (5/4), 2002, S. 483–498.

Nakamura, Lisa: Gender and Race Online. In: Mark Graham/William H. Dutton (Hg.) *Society and the Internet. How Networks of Information and Communication are Changing Our Lives*. Oxford 2014, S. 81–96.

Ponzanesi, Sandra/Blaagaard, Bolette B.: *Deconstructing Europe. Postcolonial Perspectives*. London/New York 2012.

Rau, Susanne: Erinnerungskultur. Zu den theoretischen Grundlagen frühneuzeitlicher Geschichtsschreibung und ihrer Rolle bei der Ausformung kultureller Gedächtnisse. In: Jan Eckel/Thomas Etzemüller (Hg.) *Neue Zugänge zur Geschichte der Geschichtswissenschaft*. Göttingen 2007, S. 135–170.

Renger, Almut-Barbara: *Mythos Europa. Texte von Ovid bis Heiner Müller*. Leipzig 2003.

Schmale, Wolfgang: Europa – die weibliche Form. In: *L'Homme. Zeitschrift für feministische Geschichtswissenschaft* (11/2), 2000, S. 211-233.

Schraut, Sylvia/Paletschek, Sylvia: Erinnerung und Geschlecht – Auf der Suche nach einer transnationalen Erinnerungskultur in Europa. Beitrag zum Themenschwerpunkt «Europäische Geschichte – Geschlechtergeschichte». In: *Themenportal Europäische Geschichte*, 2009 (http://bit.ly/1XV19p9, 01.03.2016)

Wizorek, Anne: *Let's talk about Meinungsfreiheit, Baby!!1!* Vortrag vom 11.05.2015 auf der re:publica 2015 (http://bit.ly/1QfUdjz, 01.03.2016).

Weiterführende Literatur

Appelt, Erna: *Geschlecht, Staatsbürgerschaft, Nation. Politische Konstruktionen des Geschlechterverhältnisses in Europa*. Frankfurt/New York 1999.

Bauer, Ingrid: Frauengeschichte, Männergeschichte, Geschlechtergeschichte. Geschlechtersensible Geschichtswissenschaft. In: Ingrid Bauer/Julia Neissl (Hg.) *Gender Studies. Denkachsen und Perspektiven der Geschlechterforschung*. Innsbruck 2002, S. 35–52.

Braun, Christina von: Gender, Geschlecht und Geschichte. In: Inge Stephan/Christina von Braun (Hg.) *Gender Studien. Eine Einführung*. Stuttgart 2006, S. 10-51.

Epple, Angelika/Schaser, Angelika: *Gendering Historiography. Beyond National Canons*. Frankfurt 2009.

Frevert, Ute: Frauengeschichte-Männergeschichte-Geschlechtergeschichte. In: Lynn Blattmann (Hg.) *Feministische Perspektiven in der Wissenschaft*. Zürich 1993, S. 23–40.

Hausen, Karin: Die Nicht-Einheit der Geschichte als historiographische Herausforderung. Zur historischen Relevanz und Anstößigkeit der Geschlechtergeschichte. In: Hans Medick/Anne-Charlott Trepp (Hg.) *Geschlechtergeschichte und Allgemeine Geschichte. Herausforderungen und Perspektiven*. Göttingen 1998, S. 15–55.

Hof, Renate: Einleitung: Genre und Gender als Ordnungsmuster und Wahrnehmungsmodelle. In: Renate Hof/Susanne Rohr (Hg.) *Inszenierte Erfahrung. Gender und Genre in Tagebuch, Autobiographie und Essay*. Tübingen 2008, S. 7–24.

Honegger, Claudia: *Die Ordnung der Geschlechter*. Frankfurt a. M. 1991.

Hunt, Lynn: The Challenge of Gender. Deconstruction of Categories and Reconstruction of Narratives in Gender History. In: Hans Medick/Anne-Charlott Trepp (Hg.) *Geschlechtergeschichte und Allgemeine Geschichte. Herausforderungen und Perspektiven*. Göttingen 1998, S. 57–97.

Kessel, M./Signori, G.: Geschichtswissenschaft. In: Inge Stephan/Christina von Braun (Hg.) *Gender Studien. Eine Einführung*. Stuttgart 2006, S. 113-123.

Rentmeister, Cäcilia: Berufsverbot für die Musen. In: *Ästhetik und Kommunikation* (25), 1976, S. 92-113.

Salzmann, Siegfried: *Mythos Europa. Europa und der Stier im Zeitalter der Industriellen Zivilisation*. Bonn 1988.

Schaser, Angelika: Nation, Identität und Geschlecht. Nationalgeschichtsschreibung und historische Frauen- und Geschlechterforschung. In: Karen Hagemann/Jean Quataert (Hg.) *Geschichte und Geschlechter. Revisionen der neueren deutschen Geschichte*. Frankfurt 2008, S. 64–91.

Schröder, Iris: Europäische Geschichte – Geschlechtergeschichte. Einführende Überlegungen zu einer möglichen Wahlverwandtschaft. Beitrag zum Themenschwerpunkt «Europäische Geschichte – Geschlechtergeschichte». In: *Themenportal Europäische Geschichte*, 2009 (http://bit.ly/1oJ0zP1, 01.03.2016).

Scott, Joan Wallach: Gender. A useful category of historical analysis. In: Sue Morgan (Hg.) *The Feminist History Reader*. London u. a. 2006, S. 133–148.

Smith, Bonnie G.: *The Gender of History. Men, Women, and Historical Practice*. Cambridge (Mass.)/London 1998.

Ulrike Hanstein

Ansprechen – Filmkörper, Affektraum, Bildkritik

Im Seminar

Mit dem Wort «Ansprechen» im Titel dieses Textes möchte ich eine Beschreibung für die Formen des Redens und Zuhörens vorschlagen, die ich als Lehrende in einem Seminar ermöglichen kann. Genauer geht es dabei um die Situation gemeinsamen Arbeitens und um die gegenseitigen Bezugnahmen im kritischen Austausch, die in einer Gruppe vorstellbar sind. Ansprechen? Das bedeutet zunächst, dass ich mir als Lehrende bei der Vorbereitung einer Veranstaltung (bei der Themenstellung und Materialauswahl) und bei der Umsetzung im Seminarraum die Fragen stelle: Vor dem Hintergrund welcher Erfahrungen spreche ich? Und: Zu wem spreche ich? «Ansprechen» bedeutet, niemanden durch mein Sprechen auszugrenzen und allen Anwesenden Raum zu geben, ihren kritischen Sichtweisen eine Stimme zu geben.

Als Lehrende treffe ich im Seminarraum auf Personen, die sich bereits ein umfassendes Wissen über Seminare erarbeitet haben. Als Seminar-Spezialist_innen haben Studierende genaue Vorstellungen davon, wie sie arbeiten und miteinander umgehen möchten. Ein Ausgleich zwischen den Ansprüchen der vielen Einzelnen stellt sich nicht von selbst ein. Durch ein Gespräch über die «Seminarkultur», d. h. die gewünschten Arbeits- und Umgangsformen, kann es gelingen, bei allen Teilnehmenden das Bewusstsein für ihr selbstbestimmtes und selbstverantwortliches Handeln zu stärken. Die «Seminarkultur» anzusprechen, bedeutet, sich gegenseitig zuzuhören und Raum zu geben, um individuelle Vorstellungen offenzulegen und Erwartungen kennenzulernen.

Wenn im Seminar Theorien aus den Gender Studies verhandelt werden, so bedeutet «Ansprechen», etwas zur Sprache zu bringen, zu verstärken und zu explizieren, was durch das Zusammentreffen der Personen und durch den institutionellen Ort bereits gegeben und wirksam ist. Judith Butler hat mit Blick auf das Begriffspaar «gender» und «education» verdeutlicht, dass Erziehungs- und Bildungsprozesse auch als Erlernen von normativen Geschlechteridentitäten zu beschreiben sind:

> [W]e are also educated into having a gender, which means that we get an education in gender before we arrive at any school. Indeed, in school, if we go to school, a gender education continues, which means that we become schooled in the norms and conventions that regulate gendered life.
> *(Butler 2012, 15)*

Für Butler stehen bei der Auseinandersetzung mit Institutionen und Praktiken der Bildung die selten offengelegten oder problematisierten Ziele und Werte in Frage, die das Lernen jeweils anleiten. Als kritische Befragung dieser Voraussetzungen und als Möglichkeit des selbstbestimmten Handelns kann sich – so Butler – gerade das Verlernen eingeübter Normen erweisen: «sometimes we have to undo our education, unlearn what we have learned.» (Ebd., 18) Ein Seminar als einen Zeitraum des Lernens und Verlernens zu begreifen, heißt, das bereits Eingeübte anzusprechen, um zu verstehen, in welcher Weise es unser Wahrnehmen, Erkennen und Handeln prägt und einschränkt.

Neben der «gender education», wie Butler sie versteht, wird von allen Beteiligten in den Seminarraum etwas hineingetragen, was sich als ‹sentimental gender education› bezeichnen ließe. Benennen möchte ich damit den populärkulturellen Erfahrungshorizont, den Studierende untereinander und mit den Lehrenden teilen. Es geht also um die Bilder, Narrative, Szenarien und *communities*, auf die wir ansprechen und die unsere Haltungen und Bewertungen orientieren. bell hooks hat mit Blick auf ihre Lehrveranstaltungen an amerikanischen Universitäten auf die bedeutende pädagogische Funktion des Kinos hingewiesen:

> Whether we like it or not, cinema assumes a pedagogical role in the lives of many people. [...] It has only been in the last ten years or so that I began to realize that my students learned more about race, sex, and class from movies than from all the theoretical literature I was urging them to read. Movies not only provide a narrative for specific discourses of race, sex, and class, they provide a shared experience, a common starting point from which diverse audiences can dialogue about these charged issues.
> *(hooks 2009a [1996], 2f.)*

Die Vertrautheit mit den narrativen und ästhetischen Fassungen von *race*, *sex* und *class* im populären Kino und einprägsame Erfahrungen des Zuschauens können also Startpunkte der Seminar-Diskussion sein. Doch welche Lektionen über *race*, *sex*, *class* und Gender erteilt das Kino? Und wie können wir diese Schulung – ihre Bedingungen, ihr Anschauungsmaterial sowie ihre affektiven Erkenntnis- und Wissensformen – kritisch analysieren?

Im Folgenden möchte ich den Ablauf einer Seminarsitzung vorstellen, die als Einführung in feministische und repräsentationskritische Theorien des Films entwickelt wurde. Der 90-minütige Modulbaustein untersucht den Zusammenhang zwischen Genre, Gender und *race* – und das Zusammenwirken dieser Kategorien – im populären Kino. Zunächst werde ich die Materialien, die theoretische Fragestellung und die einzelnen Arbeitsphasen der Seminarsitzung vorstellen. Anschließend möchte ich einige Überlegungen zu Moderationsgruppen anführen und von meinen Erfahrungen mit dieser gesprächs- und handlungsorientierten Methode berichten. Genauer wird es dabei um Dynamiken des gemeinsamen Fragens, Antwortens, Verstehens und Handelns gehen. Formen der Zusammenarbeit können einen eigenständigen methodischen Beitrag leisten, wenn theoretische Positionen der feministischen Filmkritik, der Gender Studies, der Intersektionalitätsstudien oder der Queer Theory in der Hochschullehre verhandelt werden.

Thematische und didaktische Ausrichtung des Modulbausteins

Das Thema des Modulbausteins sind die kulturellen und ästhetischen Aushandlungen von Genre, Gender und *race* im populären Kino. Ausgangspunkt ist dabei ein Verständnis des Films nicht nur als Repräsentation, sondern als Produktion von ästhetischen Affekten, Phantasien und Narrativen. Populäre Genres interagieren mit gesellschaftlichen Diskursen und Konzeptionen von Geschlecht und leisten als ästhetische Figurationen einen eigenen Beitrag zu kulturellen Aushandlungsprozessen von Gender und *race* (vgl. Gledhill 2004). Für die filmtheoretische und kulturwissenschaftliche Betrachtung dieses Zusammenhangs ist PULP FICTION (USA 1994, Quentin Tarantino) der exemplarische Gegenstand. Die Seminarsitzung wurde für den BA-Studiengang «Medienkultur» an der Bauhaus-Universität Weimar geplant und in einem Einführungskurs zur Filmanalyse durchgeführt. Die Teilnahme an diesem Einführungskurs ist für BA-Studierende im ersten Semester obligatorisch. Die Sitzung fand als vorletzte Veranstaltung des Semesters statt. Zu diesem Zeitpunkt hatten sich die Studierenden bereits wichtige Begriffe der Filmanalyse erarbeitet – im Besonderen zur Kadrierung, zur Mise en scène, zur Montage und zum Ton. Im Gesamtablauf des Seminars sollte die Sitzung den Studierenden die Gelegenheit geben, ihre filmanalytische Herangehensweise auf eine theoretische Debatte hin auszurichten. Allen Seminarteilnehmer_innen war PULP FICTION durch eine gemeinsame Filmsichtung im Kino bekannt. Als Vorbereitung auf die Sitzung wurden zwei kurze filmtheoretische Texte gelesen: ein Aufsatz von Christine Gledhill (Überlegungen zum Verhältnis von Gender und Genre im postmodernen Zeitalter, 2004) und Auszüge aus einem Aufsatz von Paul Gormley (The Affective City: Urban Black Bodies and Milieu in *Menace II Society* and *Pulp Fiction*, 2003).

Modulbaustein: PULP FICTION – Filmästhetische und kulturelle Aushandlungen von Genre, Gender und *race*
Curriculare Verankerung: Filmwissenschaft, feministische Filmtheorie, Repräsentationskritik, Gender Studies, Queer Theory, Kultur- und Medienwissenschaft, Intersektionalitätsstudien
Seminarthema: PULP FICTION – Filmästhetische und kulturelle Aushandlungen von Genre, Gender und *race*

Quentin Tarantinos Film PULP FICTION wurde als Werk und als filmkulturelles Ereignis kontrovers diskutiert. Dem kommerziellen Erfolg und den international zugesprochenen Filmpreisen stand eine Reihe von Kritiken und Aufsätzen gegenüber, die PULP FICTION als zynisch, homophob und rassistisch einschätzen. Diese Texte argumentieren, dass der Film in eben jene rassistischen Vorstellungswelten und Artikulationsweisen verstrickt sei, die er vermeintlich informiert, postmodern gelassen und distanziert als Zitat vorzuführen vorgebe (vgl. Boyd 1994, hooks 2009b [1996], Willis 2000, Gormley 2003). Im Wesentlichen entzündete sich die Debatte an Tarantinos fetischisierender Aneignung von Bildern, Ausdrücken und Stilen der afro-amerikanischen Populärkultur, die als ‹cool› und ‹hip› vereinnahmt würden. So stellen beispielsweise Todd Boyd und Gormley heraus, dass Tarantino die gesellschaftlich dominanten kulturellen Kodes und ihre Abgrenzung eines «Anderen» fortschreibe, nämlich: die traditionelle Projektion weißer Männer auf afro-amerikanische Männer als Verkörperungen von Coolness (vgl. Boyd 1994, Gormley 2003). Boyd und Spike Lee kritisieren zudem die häufige Verwendung des «N-word» in den Dialogen von Tarantinos Filmen als problematische Übernahme aus der Rap-Kultur (vgl. Boyd 1994, Lee 2002, 151). Eine weitere Geste der Appropriation steht im Zentrum von Gormleys Aufsatz: Gormley diskutiert die Männlichkeitskonstruktionen in PULP FICTION, mit ihren Anleihen beim Genre des *hood film* (vgl. Gormley 2003). Im Anschluss an Manthia Diawara (1993) bezeichnet Gormley mit dem Begriff «*hood film*» eine Reihe von Spielfilmen, die in den frühen 1990er Jahren von afro-amerikanischen Regisseuren realisiert wurden. Es handelt sich dabei um eine ästhetisch reflexive Variante eines durch Action, einen chronologischen Plot, Gewalt und starke Affekte geprägten Gangsterfilms. Die Raum- und Zeitkonstruktion dieser Filme ist jeweils auf ein bestimmtes afro-amerikanisches urbanes Milieu, eine «*neighborhood*», meist in New York (Brooklyn) oder Los Angeles (South Central), bezogen (vgl. Diawara 1993).[1]

---

1   Als Beispiele führt Diawara unter anderem BOYZ N THE HOOD (USA 1991, John Singleton), JUICE (USA 1991, Ernest R. Dickerson) und STRAIGHT OUT OF BROOKLYN (USA 1991, Matty Rich) an (vgl. Diawara 1993). Eine differenzierte, filmästhetische und filmkulturelle Betrachtung von *hood films* liegt mit Paula J. Massoods Studie *Black City Cinema: African American Urban Experiences in Film* vor (Massood 2003, insb. 145 ff.).

Ansprechen – Filmkörper, Affektraum, Bildkritik

Im Seminar wird PULP FICTION in seiner Struktur der Zitation und Kombination höchst unterschiedlicher Genres diskutiert, die jeweils spezifische – miteinander konfligierende – Männlichkeitskonstruktionen in Szene setzen. Dabei wird der Frage nachgegangen, inwiefern PULP FICTION durch die unvermittelten Brüche zwischen verschiedenen genrespezifischen Figuren, Schauplätzen und Erzählkonventionen auch normative Konstruktionen von Gender und *whiteness* im amerikanischen Kino sichtbar werden lässt. Ziel des Seminars ist es, die Ambivalenzen der Bilder differenziert beschreiben zu können und davon ausgehend die unterschiedlichen kritischen Einschätzungen des Films zueinander ins Verhältnis zu setzen. Dafür wird aus filmtheoretischer Perspektive der Zusammenhang zwischen Genre, Gender und *race* untersucht.

Seminar-/Lernziele:
Fachliche Ziele:
- Verständnis des Beitrags populärer Filme zu kulturellen Aushandlungsprozessen von Geschlechteridentitäten sowie zu Fiktionen und Phantasien von Gender und *race*
- Einsicht in den Zusammenhang von Genre und Gender als zwei miteinander verschränkte Formen der Fiktionsbildung, die sich über Wiederholung und Variation fortschreiben
- Übersicht über den theoretischen und methodologischen Beitrag der feministischen Filmkritik für die Film- und Medienwissenschaft (Repräsentationskritik, Theorien des Zuschauens, Kritik der Ideologien und kulturellen Imaginationen von Gender und Geschlecht)
- Erarbeiten von kritischen Zugängen zur Analyse von populären Filmen als eigensinnigen, ästhetisch verstrickenden Bearbeitungen gesellschaftlicher Realitäten und Diskurse
- Verknüpfung von theoretischen Thesen und Modellen mit der Beschreibung und Analyse von konkretem Material (Filmszenen)

Überfachliche Ziele:
- aktiver Gebrauch von nicht-diskriminierender Sprache
- Sensibilisierung für Diversität auch mit Blick auf die Seminargruppe und andere alltägliche Situationen und soziale Beziehungen
- Anerkennung der Verschiedenheit individueller Erfahrungen, kritischer Wahrnehmungsperspektiven und Selbstverständnisse
- Selbstorganisation, Kommunikation und Abstimmung über das gemeinsame Vorgehen in einer Arbeitsgruppe
- Zuhören und themenbezogene Interaktion in einer Arbeitsgruppe (konstruktiv auf Ideen von Kommiliton_innen reagieren, Nachfragen formulieren, an Vorschläge anderer anschließen)

- Begriffsorientierte Lektüre und systematische Arbeit mit Argumenten aus theoretischen Texten
- Auswahl und Strukturierung von Ergebnissen für eine Präsentation

Einstieg

Inhalt: Um die Geschichte der feministischen Filmtheorie und das Anliegen der Repräsentationskritik zu verstehen, wird zunächst der Bechdel-Test vorgestellt.[2] Im Anschluss überprüfen die Studierenden mit den Kriterien des Bechdel-Tests für die Repräsentation von Frauen einige Filme, die sie zuletzt im Kino gesehen haben. An den Ergebnissen des Bechdel-Tests zeigt sich ein Zusammenhang zwischen der Repräsentation der Geschlechter und Film-Genres.

Didaktischer Kommentar: Der Bechdel-Test stellt die Frage danach, wer im Kino wie repräsentiert wird. Bei der Anwendung der Kriterien auf gegenwärtige Filme wird deutlich, in welchem Maße die Erzählungen und Figurenkonstellationen des populären Kinos entlang einer dominant männlichen Handlungsmacht organisiert sind.

Methodischer Kommentar: Zunächst werden die Studierenden gefragt, welche Filme sie in letzter Zeit im Kino gesehen haben. Die Filmtitel werden an der Tafel notiert. Dann wird der Bechdel-Test vorgestellt und die entsprechende Seite aus dem Comic wird als Kopie an alle Seminar-Teilnehmer_innen verteilt. Nachdem alle den Ausschnitt aus dem Comic angesehen und gelesen haben, werden die an der Tafel notierten Filme anhand der Kriterien des Bechdel-Tests überprüft: Gibt es im Film ...
1) zwei Frauen,
2) die miteinander reden,
3) über etwas anderes als einen Mann?

Die Titel der Filme, die nicht alle drei Kriterien erfüllen, werden durchgestrichen. Für die verbleibenden Filmtitel wird die Frage nach der Genre-Zugehörigkeit gestellt und die Genres werden jeweils an der Tafel notiert. Die Arbeit mit dem Bechdel-Test aktiviert das Filmwissen der Studierenden über die Figuren, die Erzählmuster sowie die Bild- und Vorstellungswelten verschiedener Genres. Vor dem Hintergrund ihrer individuellen Erinnerungen an Filme können die Studierenden den Zusammenhang zwischen Gender und Genre erkennen.

---

2 Erläuterungen zum Bechdel-Test und die (überarbeitete) Seite aus Alison Bechdels Comic *Dykes to Watch Out For* von 1985 sind online zu finden unter http://bit.ly/1RfbpU4 (zuletzt aufgerufen am 13.12.15).

Ansprechen – Filmkörper, Affektraum, Bildkritik

Medien/Material: Whiteboard und Stifte für Tafelbild, Kopien der entsprechenden Seite aus Alison Bechdels Comic *Dykes to Watch Out For* für alle Teilnehmer_innen

Arbeitsphase

Inhalt: Im Zentrum stehen die Fragen, ob und wie die Bilder von *blackness* und *whiteness* in PULP FICTION die «Unterschiede» eines rassistischen *othering* reproduzieren oder ob sie – kritisch oder parodistisch – die Durchsetzungsmechanismen dieser gesellschaftlich und filmhistorisch konstruierten Differenz sichtbar machen. In diesem Zusammenhang sollen insbesondere die Männlichkeitskonstruktionen und die affektiven Verknüpfungen der Gangster-Figuren mit Räumen und Milieus untersucht werden. Für diese Betrachtung stellen die genretheoretischen Überlegungen von Gledhill sowie Gormleys affekttheoretische Analysen der Bilder wichtige Begriffe bereit: In ihrem Aufsatz entwickelt Gledhill ein Modell, um die dynamische Interaktion zwischen gesellschaftlichen Diskursen (und den sich verändernden Auffassungen von Gender und Geschlechterverhältnissen) auf der einen Seite und den ästhetischen Praktiken und populären Vorstellungswelten von Film-Genres auf der anderen Seite zu bezeichnen. Dieser Auffassung zufolge werden «die Fiktionen der Medien [...] weder als ‹Spiegelungen› noch als ‹Verzerrungen›, die an einem fixen Paket primärer ‹realer› Verhältnisse zu messen sind, begriffen, sondern als Orte kultureller Zirkulation und sekundärer kreativer Ausarbeitung.» (Gledhill 2004, 200) Die ästhetischen Fiktionsbildungen von Genres leisten somit einen «eigenen Beitrag zu kulturellen Aushandlungsprozessen.» (Ebd.) Gledhills Überlegungen zielen auf eine Analyse der komplexen Beziehungen zwischen gesellschaftlich-diskursiven Gender-Konzepten, den Phantasien und Öffentlichkeiten des populären Kinos und seinen kulturellen und politischen Realitätseffekten.

Gormley problematisiert in seinem Aufsatz den Zusammenhang von Genre, Gender und *race*. In einer Gegenüberstellung von MENACE II SOCIETY (USA 1993, Allen und Albert Hughes) und PULP FICTION weist Gormley die Spannungen und Ambivalenzen von Tarantinos mimetischer Aneignung des *hood film* auf. PULP FICTION – so Gormleys These – kündet von einer Krise des Hollywood Action-Films und zeigt durch seine Männlichkeitskonstruktionen auch die Brüchigkeit der im populären Kino dominanten und wirksam durchgesetzten Imaginationen von *whiteness* (vgl. Gormley 2003, 182).

Didaktischer Kommentar: Durch die Zusammenführung der Argumente aus den Texten von Gledhill und Gormley erarbeiten die Studierenden sich Begriffe, um die Verknüpfung von Genre, Gender und *race* in kulturellen und filmästhetischen Aushandlungen theoretisch zu beschreiben. Die Verwobenheit dieser Kategorien

Ulrike Hanstein

und ihre symbolische und ästhetisch-affektive Bearbeitung in Filmen werden durch die Bezugnahmen auf PULP FICTION in der Textdiskussion einsichtig.

Methodischer Kommentar:
1. Arbeitsphase: Referat und Diskussion
Einleitend referiert eine Gruppe von Studierenden die Thesen des Aufsatzes von Gledhill. Daran schließt eine Diskussion im Plenum an, die durch Fragen zu den zentralen Begriffen und Modellen des Textes strukturiert wird. Die Diskussion kann entweder von der Referatsgruppe oder von der/dem Lehrenden moderiert werden.

Mögliche Fragen sind:
– Wie bestimmt Gledhill den Begriff «Genre» und welche Genres führt sie als Beispiele an?
– Welche Rolle spielen Wiedererkennen und Variation für populäre Genres und für die gegenderten Protagonist_innen der Filme?
– Was versteht Gledhill (im Anschluss an Steve Neale) unter den Begriffen «cultural verisimilitude» und «generic verisimilitude»?
– In welcher Weise beziehen sich gegenwärtige Filme auf Figuren-Stereotype vergangener Genres?
– Welche Begründung führt Gledhill für ihre Auffassung an, dass «populäre Genres ein wichtiger Ort kultureller und ästhetischer Kämpfe» (Gledhill 2004, 201) sind?

2. Arbeitsphase: Textarbeit in Kleingruppen zum Aufsatz von Gormley
Die Seminar-Teilnehmer_innen werden nach ihrer Sitzanordnung im Raum in vier Gruppen aufgeteilt.[3] Bestenfalls sollten die Kleingruppen jeweils drei bis vier Studierende umfassen, um sicherzustellen, dass sich alle am Gespräch beteiligen. Bei größeren Gruppen besteht das Risiko, dass sich Einzelne von der gemeinsamen Arbeit zurückziehen. Jede der Kleingruppen bekommt als Ausdruck zwei Fragen, die sich auf unterschiedliche Abschnitte und einzelne Argumentationsschritte von Gormleys Text beziehen. Die gewählten Textauszüge, die von den Gruppen jeweils anzusehen und auf die Fragen hin zu diskutieren sind, sind kurz. Erfahrungsgemäß

---

3   Diese Form der Gruppenbildung hat den Vorteil, dass sie zügig vonstatten geht, da die Studierenden nicht alle ihre Plätze wechseln müssen. Bei derart gebildeten «Nachbarschaftsgruppen» ist davon auszugehen, dass die Studierenden gern und konfliktfrei zusammen arbeiten, da für ihre Platzwahl im Seminarraum ihre Sympathien und Freundschaften ausschlaggebend sind. Verschiedene Möglichkeiten der Kleingruppenbildung erläutert Phil Race (vgl. Race 2001, 144 ff.). Er führt auch sehr detaillierte Beschreibungen der Interaktionsformen an, die durch unterschiedliche Gruppengrößen jeweils begünstigt werden (vgl. ebd., 142 ff.).

benötigen Studierende in den ersten Semestern bei der Bearbeitung englischer Texte viel Zeit, um die Bedeutung einzelner Wörter und Fachbegriffe gemeinsam zu klären oder online nachzusehen.

Die angegebenen Textausschnitte und die zugehörigen Fragen sind:

A) Kulturelle Aneignung und rassistische Machtverhältnisse (S. 180–181)
   - Welche Kritik formuliert Spike Lee an Tarantinos Filmen?
   - Wie werden die Körper afro-amerikanischer Männer in der amerikanischen Populärkultur überwiegend inszeniert?
B) *American Africanism* und mimetische Verfahren (S. 181–183)
   - Was versteht Gormley (in Rückbezug auf Toni Morrison) unter «American Africanism»?
   - Wie antwortet PULP FICTION durch die gewählten filmästhetischen Verfahren auf die Krise des Hollywood Action-Films?
C) Sichtbarkeit, Körperlichkeit, Affekt (S. 194–196)
   - Warum bildet der Körper von Marsellus Wallace eine Grenze des Sichtbaren und Symbolisierbaren?
   - Wie wird die Figur des Hillbilly konstruiert? Wovon wird sie abgegrenzt?
D) Stadtraum und Milieu (S. 193–194)
   - Was ist das Besondere an den Räumen, Bewegungsformen und Schauplatz-Verknüpfungen in PULP FICTION?
   - Welche Funktion hat die Figur Marsellus Wallace für die Erzählung?

Die Kleingruppen erhalten jeweils einen Bogen Papier im A2 Format und Flipchart-Stifte, um die Ergebnisse ihrer Diskussion in Stichpunkten zu notieren. Für die Beantwortung der Fragen und die Absprachen über die Präsentation sind 15 Minuten Bearbeitungszeit ausreichend.

Medien/Material: Zettel mit den Leitworten, Seitenangaben und Fragen für die Gruppenarbeit, Plakate und Flipchart-Stifte

Ulrike Hanstein

Abschluss

Inhalt: Ausgehend von der Textarbeit (Begriffsklärung, Nachvollzug von Argumentationsschritten, Verständnis der Beispiele) werden die Überlegungen von Gledhill und Gormley systematisch zusammengeführt. Der produktive Zusammenhang zwischen Genre und Gender, wie Gledhill ihn bestimmt, zeigt sich an PULP FICTION als variierende Fortschreibung des *hood film* und Action-Films. An ausgewählten Szenen aus PULP FICTION werden die Bilder von *whiteness* und *blackness* in ihrer Verschränkung mit generischen Repräsentationen von Gender sowie mit modifizierten, neuen Figuren-Typen analysiert. Mit Blick auf die Zitation von Männlichkeitskonstruktionen aus der Geschichte des populären Kinos (Vietnam-Veteran, Samurai, Boxer, Gangster, Hillbilly, Biker etc.) sowie auf die plötzlichen «Rollenwechsel» (Verfolger – Verfolgter) und Kleiderwechsel der männlichen Protagonisten werden Unterbrechungen der (unsichtbaren) Normen von handlungsmächtiger Männlichkeit und *whiteness* aufgewiesen.

Didaktischer Kommentar: Das theoretische Verständnis der verschränkten Kategorien Genre, Gender und *race* ermöglicht den Studierenden kritische Analysen der Narrative und Phantasien populärer Filme. Die Betrachtung ausgewählter Szenen von PULP FICTION und die eingehende Besprechung der filmästhetischen Konstruktion von Gender und *race* erlaubt es, die theoretischen Zugangsweisen filmanalytisch weiterzuführen und als Irritation und Vervielfachung möglicher Deutungen zu entdecken.

Methodischer Kommentar: Die Kleingruppen hängen die Plakate mit ihren Notizen und Visualisierungen an den Wänden des Seminarraums auf. Nacheinander präsentieren die Studierenden ihre Ergebnisse und resümieren die Diskussion in ihrer Arbeitsgruppe. Es wird jeweils Raum für Nachfragen gegeben. So können Unklarheiten des Textverständnisses angesprochen werden und alle Seminarteilnehmer_innen haben die Gelegenheit, auf die Arbeitsergebnisse der jeweils präsentierenden Gruppe zu reagieren.

Schließlich werden vor dem Hintergrund der Textdiskussion ausgewählte Filmszenen aus PULP FICTION gemeinsam angesehen und besprochen. Dabei werden vor allem die Szenen analysiert, in denen die Figur Marsellus (Ving Rhames) eingeführt wird sowie diejenigen, in denen Transformationen der körperlichen Erscheinung und wechselnde Genre-Referenzen an den Figuren Jules (Samuel L. Jackson), Vincent (John Travolta) und Butch (Bruce Willis) anschaulich werden.

Medien/Material: Klebeband zum Aufhängen der Poster, DVD PULP FICTION, Abspielgerät und Videoprojektor

Literatur:
Gledhill, Christine: Überlegungen zum Verhältnis von Gender und Genre im postmodernen Zeitalter. In: Monika Bernold/Andrea Braidt/Claudia Preschl (Hg.) *Screenwise: Film, Fernsehen, Feminismus*. Marburg 2004, S. 200–209.
Gormley, Paul: The Affective City: Urban Black Bodies and Milieu in *Menace II Society* and *Pulp Fiction*. In: Mark Shiel/Tony Fitzmaurice (Hg.) *Screening the City*. London 2003, S. 180–199 (gewählte Auszüge zur vorbereitenden Lektüre: S. 180–183 und S. 193–197).

Film:
PULP FICTION (USA 1994, Quentin Tarantino)

Beobachtungen bei der Durchführung

Die Seminarsitzung habe ich in der hier skizzierten Form mit zwei unterschiedlichen Gruppen von Studierenden durchgeführt. Für die Studierenden war die Lektüre der beiden Aufsätze die erste Auseinandersetzung mit Gender-theoretischen und repräsentationskritischen Zugängen zum Film. Obwohl in den Seminarsitzungen beider Gruppen die Materialien und Arbeitsformen die gleichen waren, entwickelten sich die Diskussionen höchst unterschiedlich.

In der ersten Seminarsitzung haben drei Studierende ein außerordentlich gründlich recherchiertes und gut strukturiertes Referat zum Aufsatz von Gledhill gehalten. Es war offensichtlich, dass die Studierenden mit großem Interesse den Text gelesen hatten: Sie hatten selbstständig die Literaturverweise des Aufsatzes nachverfolgt und weitere Texte und Lexikonartikel bei ihrer Vorbereitung mit einbezogen. Über die Zusammenfassung von Gledhills Thesen hinaus bot das Referat Erklärungen zu zentralen Begriffen (Gender, *sex*, Intersektionalität etc.) und setzte Gledhills Ausführungen zu früheren Positionen der feministischen Filmkritik (Laura Mulvey) in Bezug. Die Begeisterung, die begriffliche Genauigkeit und Neugier der Referatsgruppe wirkte ansteckend und schuf eine den Texten aufmerksam zugewandte und heiter entspannte Arbeitsatmosphäre für die Dauer der gesamten Sitzung. Ein Ergebnis der Gruppenarbeit war eine Zeichnung, auf der zu sehen ist, dass in PULP FICTION die Räume und die unterschiedlichen Handlungsstränge durch die Figur Marsellus miteinander verknüpft werden (Abb. 1).

In der zweiten Seminarsitzung ließ das Referat eine unzureichende Vorbereitung und starke Verständnisschwierigkeiten in Bezug auf die Argumente des Textes erkennen. Das wenig strukturierte Referat wirkte in dieser Sitzung nicht als Einsatzpunkt der Textdiskussion, sondern verleidete die Themen und schuf eine

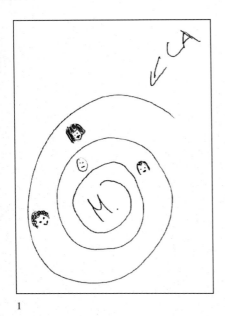

1

erhebliche Missstimmung zwischen der Referatsgruppe und den übrigen Seminarteilnehmer_innen. Die Verärgerung und eine genervte Haltung blieben bei einigen Studierenden lange bestehen, so dass sie sich auch aus der anschließenden gemeinsamen Arbeit und Diskussion weitgehend zurückzogen. Für mich wurde durch den Verlauf dieser Sitzung deutlich, dass Referate – trotz vorheriger Beratung in der Sprechstunde – höchst unberechenbar sind und eine sehr schwierige Situation im Seminarraum kreieren können. Anschaulich wurde für mich auch, dass Missstimmungen und Konflikte in den persönlichen Beziehungen der Studierenden sich in starkem Maße auf das inhaltliche Arbeiten auswirken.

Die Zusammenführung theoretischer Argumente mit einzelnen Filmszenen ist meines Erachtens in beiden Seminarsitzungen gelungen. Als konkretes Analyseobjekt erscheint PULP FICTION besonders geeignet, um die Bedeutung und die Reichweite Gender-theoretischer Zugänge zu demonstrieren. Der Film löst bei Zuschauer_innen starke, lustvoll und unlustvoll erlebte Affekte aus und damit auch den Wunsch, die eigene Seherfahrung genauer verstehen und anderen erklären zu wollen. Für den Zusammenhang zwischen den Körperrepräsentationen und Affekträumen des Films und den Seherfahrungen von Zuschauer_innen im Kino stellen die Überlegungen von Gormley anschauliche Beschreibungen und theoretische Begriffe bereit. Deshalb kann die eingehende Beschäftigung mit den Argumenten aus Gormleys Aufsatz auch dabei helfen, eine Sprache für die eigene Filmerfahrung zu finden und von impulsiven Reaktionen auf den Film zu einer kritischen Analyse ausgewählter Bilder und Szenen zu kommen. Der verzweigte Plot, die exponierten Stars, die plötzlichen Umschwünge zwischen Stasis und Action, Komik und Drastik – all' diese Elemente von PULP FICTION tragen dazu bei, dass sich auch bei wiederholter Betrachtung einzelner Szenen überraschende formale Zusammenhänge und Deutungsmöglichkeiten entdecken lassen.

Mit Blick auf die Genre-Kombination und die wechselnden filmhistorischen Bezugssysteme der Gender-Konstruktionen ist PULP FICTION unmissverständlich, zuweilen im besten Sinne, vulgär.[4] Wenn in der letzten Einstellung des Films die Gangster Jules und Vincent nach dem Raubüberfall der Kleinganoven Honey Bunny (Amanda Plummer) und Pumpkin (Tim Roth) das Restaurant verlassen, so bleiben sie für einen Moment frontal vor der Kamera stehen. Synchron heben beide Männer ihre T-Shirts an und stecken sich ihre großen Pistolen vorn in den Hosenbund – so, als würde dort etwas fehlen oder als wäre gerade dort, im Schritt, noch reichlich Platz. Mit solchen komischen und einprägsamen Bildern werden Männlichkeitskonstruktionen des Gangsterfilms vorgeführt und neu verhandelt. Gegen repräsentationskritische Texte bringen Studierende oft vor, es würde zu viel ‹in den Film hineingelesen›. Die Ausdrücklichkeit der Bilder von PULP FICTION kann diesen Vorbehalt entkräften. Das vulgäre Filmende ist instruktiv: Dass es hier um Männlichkeiten geht, ist deutlich sichtbar in die Filmbilder ‹hinein gesteckt› und es lässt sich gar nicht vermeiden, genau das heraus zu lesen.

Verantwortung und Redezeit verteilen: Moderationsgruppen

Als ich begonnen habe, zu unterrichten, habe ich mich bei der Vorbereitung meiner Seminarsitzungen immer gefragt, was ich lehren möchte. Inzwischen frage ich mich, wie ich es etwas wahrscheinlicher machen kann, dass so etwas wie Lernen passiert. Meine Vorbereitung ist nun darauf ausgerichtet, im Seminarraum Formen des Gesprächs und der Zusammenarbeit zu ermöglichen und dadurch Verstehensprozesse zu unterstützen. Entscheidend für diese Wendung vom ‹Lehre machen› zum ‹Lernen möglich machen› ist die Einsicht, dass Lernen ein aktives Tun ist und nicht die passive Erduldung eines Belehrt-Werdens: «[L]earning can only be done by the learner, and cannot be done ‹to› the learner.» (Race 2001, 140 f.)

Im Folgenden möchte ich eine Methode vorstellen, die ich gegenüber Referaten bevorzuge, weil sie selbstverantwortliches und gemeinschaftliches Lernen ermöglicht. In Seminaren mit fortgeschrittenen Bachelor- oder mit Master-Studierenden arbeite ich oft mit Moderationsgruppen. Das bedeutet, dass jeweils eine Gruppe von drei bis vier Studierenden die Moderation einer halben Seminarsitzung (also für einen Zeitraum von 45 Minuten) übernimmt. Auf der Grundlage der Seminarliteratur und des zu besprechenden Films überlegt sich die Moderationsgruppe eine Arbeitsform und präzise Arbeitsaufträge für die gesamte Gruppe. Am Semesteranfang wende ich in den ersten beiden Seminarsitzungen verschiedene Methoden (der Kleingruppenarbeit) an und erläutere sie. Mögliche Formen

---

4 Elizabeth Freeman zufolge ist das Riskieren vulgärer Referenzen (*vulgar referentiality*) ein spezifischer Zug *queerer* Theoriebildung, der über die Auseinandersetzungen und Lektürebewegungen der Psychoanalyse und Dekonstruktion hinausführt (vgl. Freeman 2010, 11).

sind z. B. Arbeitsblätter mit Fragen zu einzelnen Textabschnitten oder Begriffen, die Formulierung von analyseleitenden Fragen zu ausgewählten Filmszenen oder Fragen zur Strukturierung einer Diskussion im Plenum. Über die konkrete Umsetzung von unterschiedlichen Arbeitsformen in den ersten beiden Sitzungen hinaus kann auch Literatur zu didaktischen Methoden im Semesterapparat bereit gestellt werden, um den Studierenden eine Auswahl an möglichen Vorgehensweisen für unterschiedliche Zwecke aufzuzeigen.[5] Zudem können die Studierenden auf ihre eigenen Erfahrungen mit unterschiedlichen Arbeitsformen in anderen Seminaren zugreifen. In Sprechstunden unterstütze ich die jeweilige Moderationsgruppe bei ihrer konkreten Vorbereitung – mit Blick auf die einzuplanende Zeit, die benötigten Materialien, die präzise Formulierung von Fragen oder Arbeitsaufträgen etc.

Der Ablauf der Seminarsitzungen hat dann meist die folgende Form: Die Moderationsgruppe stellt mit einer kurzen Einführung (von drei bis fünf Minuten) das Thema und den Ablauf der Sitzung vor. Im Anschluss leitet sie eine Arbeitsphase in Kleingruppen an. Die Ergebnis-Präsentation der Kleingruppen wird von der Moderationsgruppe geleitet und geht dann in eine vertiefende Textdiskussion im Plenum über. Die verantwortungsvolle Aufgabe der jeweiligen Moderationsgruppen ist es also, sich nicht nur die Materialien der Sitzung zu erschließen, sondern sich auch eine Methode für das gemeinsame Erarbeiten von Konzepten zu überlegen, die ihnen am Text oder Film besonders wichtig erscheinen. Bei dieser Arbeitsform können die Studierenden einerseits ihre Lektüreerfahrungen und ihre Wahrnehmungsweisen von Filmen – ihre Vorlieben, Abneigungen, Verstrickungen oder Irritationen – im Seminarraum ansprechen und selbst entscheiden, welche Themen sie vertiefend diskutieren möchten. Die Aufgabe, das gemeinsame Arbeiten im Seminarraum zu strukturieren, führt andererseits in den Moderationsgruppen dazu, dass die Studierenden ihre affektiven Reaktionen auf Filme und Texte sowie ihre wertenden Einschätzungen diskutieren und dadurch unterschiedliche Auffassungen miteinander teilen und abwägen. Durch diesen Austausch bei der Vorbereitung sowie durch die Wahl und Anleitung einer Arbeitsform im Seminar erschließen sich die Studierenden in den Moderationsgruppen über rein impulsive Bewertungen hinaus Möglichkeiten, wie sie ihre individuellen Erfahrungen in theoretische Beschreibungen übertragen und somit verhandelbar machen können. Meiner Erfahrung nach sind Seminarsitzungen mit Moderationsgruppen sehr lebhaft und vielstimmig, weil die Studierenden ihre Fragen artikulieren und ihren eigenen Interessen folgen können. Die Moderationsgruppen setzen ihre Aufgabe meist sehr engagiert und höchst originell um. So habe ich selbst neue Ideen

---

5   Anleitungen für Methoden der Kleingruppenarbeit finden sich beispielsweise bei Macke et al. (2012) oder Reich (2012).

bekommen, welche praktischen Aushandlungen von theoretischen Fragestellungen innerhalb und außerhalb des Seminarraums möglich sind.

Diese Vorgehensweise – die Arbeit mit Moderationsgruppen und Kleingruppen im Seminar – fördert Formen der Zusammenarbeit. Wichtig erscheint mir, dass Studierende erleben, dass ihre Kommiliton_innen informierte, interessierte und solidarische Gesprächspartner_innen sind und dass der Austausch von Ideen grundlegend für das Verstehen und Erschließen von Wissen ist. Nicht zuletzt geht es auch darum, ein gleichberechtigtes gemeinsames Handeln als Gegenmodell zu einer Auffassung des Studiums als isolierter, wettbewerbsorientierter Selbstoptimierung stark zu machen.[6]

Schluss

Der hier vorgestellte Modulbaustein wurde für eine Einführungsveranstaltung zu Theorien und Methoden der Filmanalyse entwickelt. Mir erscheint es sehr wichtig, Studierenden Ansätze der feministischen Filmkritik, der Gender Studies oder der Queer Theory als einen bedeutenden Beitrag zur medienwissenschaftlichen und kulturwissenschaftlichen Methodendiskussion vorzustellen. Das kann nur gelingen, wenn diese wissenschaftskritischen Zugänge in einführenden Lehrveranstaltungen diskutiert werden. Ich halte es nicht für sinnvoll, diesen Theorien ausschließlich einen Platz in Seminaren zuzuweisen, die im Curriculum von Studiengängen mit «Gender...», «Diversity...» oder «Queer...» überschrieben sind. Das «Gendertheorie-Seminar» oder das «Diversity-Modul» erwecken den Eindruck, es ginge hier lediglich um Spezialthemen und nicht um das Erlernen einer kritischen wissenschaftlichen Arbeitsweise, die ihre eigenen Voraussetzungen, Bedingungen und Geltungsansprüche befragt. In jeder Lehrveranstaltung ist es möglich, Neugier für Gender- und Queer-theoretische Ansätze zu wecken und gemeinsam herauszufinden, dass diese Theorien einen Raum des Nachdenkens über Bilder und Texte, Filme und Praktiken, Wissenschaftlichkeitssysteme und Machtverhältnisse eröffnen, in dem man vielleicht noch nicht war – und in dem es für Jede_n von uns um etwas geht.

In der Einführung zu Stefano Harneys und Fred Motens Sammlung von Essays *The Undercommons* (2013), in der die Autoren die Frage nach gegenwärtigen Begründungen der Universität mit politischen Entwürfen der Desidentifikation beantworten, weist Jack Halberstam darauf hin, dass die Veränderung bestehender Verhältnisse der Ungleichheit nur durch die individuelle Einsicht in die Notwendigkeit neuer Handlungsformen angetrieben werden kann:

---

6   hooks charakterisiert das Gespräch (*conversation*) zwischen Lehrenden und Studierenden als ein gemeinsames Lernen, das das Abenteuer kritischen Denkens möglich werden lässt: «Learning and talking together, we break with the notion that our experience of gaining knowledge is private, individualistic, and competitive.» (hooks 2010, 43).

> While men may think they are being ‹sensitive› by turning to feminism, while white people may think they are being right on by opposing racism, no one will really be able to embrace the mission of tearing ‹this shit down› until they realize that the structures they oppose are not only bad for some of us, they are bad for all of us. Gender hierarchies are bad for men as well as women and they are really bad for the rest of us.
>
> *(Halberstam 2013, 10)*

Als Lehrende kann ich im Seminarraum ansprechen und konkret verhandeln, dass es in der Auseinandersetzung mit kritischen Theorien und Artikulationsformen für mich um etwas geht. Der Rest ist Lernen.

Literatur

Bechdel, Alison: *Dykes to Watch Out For.* Überarbeiteter Auszug, 1985 (http://dykestowatchoutfor.com/the-rule, zuletzt aufgerufen am 13.12.15).

Boyd, Todd: Tarantino's Mantra. In: *Chicago Tribune*, 06.11.1994 (http://trib.in/216toRR, zuletzt aufgerufen am 20.11.15).

Butler, Judith: Gender and Education. In: Norbert Ricken/Nicole Balzer (Hg.): *Judith Butler: Pädagogische Lektüren*. Wiesbaden 2012, S. 15–28.

Diawara, Manthia: Black American Cinema: The New Realism. In: Dies. (Hg.): *Black American Cinema*. London 1993, S. 3–25.

Gledhill, Christine: Überlegungen zum Verhältnis von Gender und Genre im postmodernen Zeitalter. In: Monika Bernold/Andrea Braidt/Claudia Preschl (Hg.): *Screenwise: Film, Fernsehen, Feminismus*. Marburg 2004, S. 200–209.

Gormley, Paul: The Affective City: Urban Black Bodies and Milieu in *Menace II Society* and *Pulp Fiction*. In: Mark Shiel/Tony Fitzmaurice (Hg.): *Screening the City*. London 2003, S. 180–199.

Freeman, Elizabeth: *Time Binds: Queer Temporalities, Queer Histories*. Durham u. a. 2010.

Halberstam, Jack: The Wild Beyond: With and for the Undercommons. In: Stefano Harney/Fred Moten: *The Undercommons. Fugitive Planning & Black Study*. Wivenhoe u. a. 2013, S. 2–12.

hooks, bell: Introduction: Making Movie Magic. In: Dies.: *Reel to Real: Race, Class and Sex at the Movies*. New York u. a. 2009a [1996], S. 1–12.

– Cool Cynicism: Pulp Fiction. In: Dies.: *Reel to Real: Race, Class and Sex at the Movies*. New York u. a. 2009b [1996], S. 59–64.

– *Teaching Critical Thinking: Practical Wisdom*. New York u. a. 2010.

Lee, Spike: *Spike Lee: Interviews*. Hg. v. Cynthia Fuchs. Jackson 2002.

Macke, Gerd/Hanke, Ulrike/Viehmann, Pauline: *Hochschuldidaktik: Lehren – vortragen – prüfen – beraten. Mit Methodensammlung «Besser lehren»*. Weinheim 2012.

Massood, Paula J.: *Black City Cinema: African American Urban Experiences in Film.* Philadelphia 2003.
Race, Phil: *The Lecturer's Toolkit: A Practical Guide to Learning, Teaching and Assessment.* London 2001.
Reich, Kersten: *Konstruktivistische Didaktik: Das Lehr- und Studienbuch mit Online-Methodenpool.* Weinheim u. a. 2012.
Willis, Sharon: ‹Style›, Posture, and Idiom: Tarantino's Figures of Masculinity. In: Christine Gledhill/Linda Williams (Hg.): *Reinventing Film Studies.* London 2000, S. 279–295.

Filme

BOYZ N THE HOOD (USA 1991, John Singleton)
JUICE (USA 1991, Ernest R. Dickerson)
PULP FICTION (USA 1994, Quentin Tarantino)
STRAIGHT OUT OF BROOKLYN (USA 1991, Matty Rich)

Weiterführende Literatur

Dyer, Richard: *White.* London u. a. 1997.
Gaines, Jane: White Privilege and Looking Relations: Race and Gender in Feminist Film Theory. In: Robert Stam/Toby Miller (Hg.) *Film and Theory: An Anthology.* Malden u. a. 2000, S. 715–732.
hooks, bell: Cool Cynicism: Pulp Fiction. In: Dies.: *Reel to Real: Race, Class and Sex at the Movies.* New York u. a. 2009, S. 59–64.
Kennedy, Lisa: Natural Born Filmmaker. In: *Village Voice,* 25.10.1994, S. 29–32.
Klippel, Heike: Feministische Filmtheorie. In: Jürgen Felix (Hg.): *Moderne Film Theorie.* Mainz 2002, S. 168–185.
Neale, Steve: Questions of Genre. In: *Screen* 31/1, 1990, S. 45–66.
Williams, Linda: Film Bodies: Gender, Genre, and Excess. In: Robert Stam/Toby Miller (Hg.): *Film and Theory: An Anthology.* Malden u. a. 2000, S. 207–221.
Winokur, Mark: Marginal Marginalia: The African-American Voice in the Nouvelle Gangster Film. In: *The Velvet Light Trap* 35, 1995, S. 19–32.

Nicole Kandioler

Decentring Western Gender Media Studies

Die Denkfigur des *Decentring*, des Dezentrierens, zielt darauf ab, ein normatives und normierendes Zentrum zu definieren und dieses zu destabilisieren. Beim Decentring kommen die Ränder in den Blick, die vermeintlichen Peripherien und das für die Identitätsfindung konstitutive Außen. Im Kontext der Geistes- und Kulturwissenschaft bedeutet *Decentring*, Diskurse und kanonisches Wissen kritisch zu hinterfragen und hegemoniale Strategien der Institutionen, der Akteurinnen, der Akteure und der Objekte von Wissensproduktion zu dekonstruieren. Es bedeutet, wie Donna Haraway nachdrücklich gezeigt hat, Wissen zu situieren (Haraway 1988), Forschungsparadigmen, Theoriekonzepte zu verorten und nach der Parteilichkeit ihrer Argumente zu fragen.

Mit dem Begriff der Gender Media Studies bezeichne ich eine Tendenz der deutschsprachigen feministischen Medienwissenschaft (vgl. Peters/Seier 2014; Lünenborg/Maier 2013; Wagner 2008), einerseits die gemeinsamen Prämissen der feministischen Filmtheorie und der Medienwissenschaft zu beleuchten und andererseits im Rückgriff auf Konzepte der Gender Studies und der Queer Theory im Sinne Judith Butlers (1995) die Performativität von Geschlecht immer auch als eine mediale Performativität zu begreifen (Seier 2007). Dass die europäische Medienwissenschaft und speziell die Fernsehwissenschaft von einem starken Ost-West-Gefälle geprägt ist, das vornehmlich durch eine Rezeptionslogik des Kalten Krieges bestimmt ist, haben zuletzt Anikó Imre, Timothy Havens und Katalin Lustyik in ihrem erhellenden Band *Eastern European Television During and Since Socialism* (Imre, Havens, Lustyik 2013) gezeigt. Decentring Western Gender Media Studies bedeutet also dreierlei: die Dominanz westlicher Theoriebildung (auch in osteuropäischen Ländern) in den Gender Studies und in der Medienwissenschaft festzustellen und zu analysieren, die Aufmerksamkeit auf die Wissensproduktionen jenseits des kanonischen Wissens zu richten und die Rezeption osteuropäischer Medienkulturen (und auch hier die Kanonbildung) kritisch zu hinterfragen. Im hier vorzustellenden Modulbaustein soll das akademische «wir» der Gender Media Studies eine Differenzierung erfahren. Gemeinsam mit den Studierenden soll über folgende Fragen nachgedacht werden: Wovon sprechen «wir», wenn «wir» von Gender und Fernsehen sprechen? Auf welche Begriffe, Konzepte, Theorien beziehen «wir» «uns» in der Analyse von osteuropäischem Fernsehmaterial? Was sind die Koordinaten unserer Fragepositionen? In welchen Kontexten ist unser Wissen über Osteuropa angesiedelt, wie ist es «situiert»?

Konstruktionen von Heteronormativität vor dem Hintergrund des Kalten Krieges: zwei Fernsehserien

Im Zentrum der hier beschriebenen 90-minütigen Lehrveranstaltung stehen zwei TV-Serien, die in den 1970er Jahren produziert wurden und die dem Genre «Arbeiterfilm»[1] bzw. «Familienserie» zuzuordnen sind, diese aber zugleich auch überschreiten. Bei der ersten Serie handelt es sich um ACHT STUNDEN SIND KEIN TAG (WDR 1972/73) von Rainer Werner Fassbinder. Bei der zweiten Serie handelt es sich um ŽENA ZA PULTEM/DIE FRAU HINTER DEM LADENTISCH (ČST 1977/78, DDR F1 1978) von Jaroslav Dietl und Jaroslav Dudek.

Rainer Werner Fassbinder strebte mit seiner eigenwilligen Version der Familien- bzw. Arbeiterserie die Realisierung eines mainstream-tauglichen Unterhaltungsprogramms an, dem ein genuin politisches Anliegen zugrunde liegt, jenes der Selbstbestimmung des und der Einzelnen in der kapitalistischen Gesellschaft. Dazu arbeitete er einerseits mit «seinen» Schauspielerinnen und Schauspielern wie Irm Hermann, Kurt Raab und erstmals Hanna Schygulla, andererseits castete er für ACHT STUNDEN SIND KEIN TAG auch Luise Ulrich, die dem deutschen Publikum durch ihre Karriere im Nachkriegskino ein Begriff war. Ulrich verkörperte oftmals tüchtige Mütter oder unterschätzte Ehefrauen, die in Extremsituationen zu Heldinnen ihrer kleinen Welten wurden. In einem kleinbürgerlich anmutenden Setting verhandelt Fassbinder auf inhaltlicher Ebene realistische Themen aus dem Leben einer Gruppe von (männlichen) Fabrikarbeitern, die Werkzeuge herstellen. Die Mise-en-scène ist wie oft bei Fassbinder vom ästhetischen Verfahren der Verfremdung durchdrungen, die sich in der Anleitung der Schauspielerinnen und Schauspieler und durch die Aneinanderreihung cineastisch exzessiver Bilder ebenso zeigt, wie durch den eigenwilligen Einsatz fernsehfilmtechnischer Mittel (z. B. durch Zoom, Head-over-Shoulder-Aufnahmen von Figuren mit Gegenständen, wie z. B. Blumenvasen oder Türrahmen im Vordergrund der Frames). Zu den in der Serie behandelten Themen zählen zum Beispiel die Mitbestimmung

---

[1] Ich verwende hier die Genrebezeichnung mit dem generischen Maskulinum, da ich mich auf das historische Genre des Arbeiterfilms beziehe, das Richard Collins und Vincent Porter (1981) ausführlich beschrieben haben. Der sogenannte Arbeiterfilm umfasst allerdings auch Filme über, von und mit Arbeiterinnen.

im Betrieb, Konflikte in der Arbeitswelt und in der Familie/Generationswechsel, Beziehungen zwischen Männern und Frauen, Eltern und Kindern, Geschwistern, Freundinnen sowie Mietwucher in Deutschland und Vorurteile gegen Gastarbeiter.

Auch die tschechoslowakische Serie DIE FRAU HINTER DEM LADENTISCH[2] erörtert den Arbeitsalltag in einem Betrieb. Allerdings handelt es sich bei diesem Musterbeispiel des kommunistischen Staatsfernsehens um ein Produkt der auf den Prager Frühling folgenden politischen Normalisierung und weist insofern Elemente eines propagandistischen Films auf. Themen, die in der Serie behandelt werden, betreffen vor dem Hintergrund des sozialistischen Alltags vor allem die zwischenmenschlichen Beziehungen zwischen der Protagonistin Anna (Jiřina Švorcová) und ihren Mitarbeiterinnen und Vorgesetzten, aber auch die Probleme, die durch die Scheidung von ihrem Mann auftreten und sie zur Alleinerzieherin zweier pubertierender Kinder machen. Mit Jiřina Švorcová in der Hauptrolle, die Zeit ihres Lebens und auch nach dem Sturz des Sozialismus überzeugte Kommunistin blieb, ist die Rezeption und die Art der Aneignung der Serie durch das Fernsehpublikum bis zum heutigen Tag sehr widersprüchlich. Ist sie einerseits als Musterbeispiel propagandistischer TV-Unterhaltung lesbar (beispielsweise durch die völlig unrealistische, aber umso detailgetreuere Darstellung des Überflusses an Lebensmitteln im Lebensmittelladen), beinhaltet sie auch Elemente, die als subversiv zur kommunistischen Staatsdoktrin verstanden werden können. Wenn die Darstellung der Geschlechter in der koketten Grundstimmung zwischen weiblichen Angestellten und männlichen Vorgesetzten und Kunden einem heutigen Publikum traditionell bzw. konservativ anmutet, so ist sie vor dem Hintergrund des kommunistischen Staatsfeminismus als systemkritisch lesbar (vgl. Kandioler 2016, 121–122). Auch die lebhafte Rezeption der Serie, die fixer Bestandteil des postsozialistischen Fernsehprogramms ist, verweist auf das Potential der Serie, dem heutigen Fernsehpublikum ein Forum zur Verarbeitung der kommunistischen Vergangenheit zu bieten (vgl. Imre/Havens/Lustyik 2013).

Gerade die ambivalenten Lektüremöglichkeiten und die Vielschichtigkeit des Materials sollen in der Lehrveranstaltung für die Studierenden erfahrbar werden und sie darin anleiten, die Konstruktionen von Heteronormativität vor dem Hintergrund des Kalten Krieges kritisch zu befragen. Im Vorfeld der Lehrveranstaltung

---

2   Das tschechoslowakische Regieduo, Jaroslav Dudek und Jaroslav Dietl, sollte übrigens kurz nach der Ausstrahlung von DIE FRAU HINTER DEM LADENTISCH Fernsehgeschichte schreiben. Die Serie NEMOCNICE NA KRAJI MĚSTA/DAS KRANKENHAUS AM RANDE DER STADT (ČST 1978–1981, DDR F1 1979–1982, 2 Staffeln, 20 Folgen) wurde in 21 Ländern ausgestrahlt und inspirierte auch deutschsprachige Krankenhausserienerfolge wie DIE SCHWARZWALDKLINIK (ZDF 1985–1989, 6 Staffeln, 70 Folgen, 1 Special, 2 Filme).

sichten[3] die Studierenden die erste Folge der BRD-Serie und die dritte Folge der tschechoslowakischen Serie und notieren ihre Beobachtungen zu folgenden Themenkomplexen:

1. Wie werden die Geschlechterbeziehungen in den beiden Filmen dargestellt?
2. Wie hängen die Inszenierungen des Arbeiters (Fassbinder) und der Arbeiterin (Dudek) mit den in den Filmen reflektierten Gender-Entwürfen zusammen?

Außerdem bereiten sie den Text von Teresa de Lauretis *Die Technologie des Geschlechts* (1987) vor, in dem De Lauretis zeigt, «dass das sex-gender-System stets in enger Verbindung zu den politischen und ökonomischen Faktoren der jeweiligen Gesellschaft» (De Lauretis, 1996, 62) steht. Die Zusammenführung der theoretischen Überlegungen von De Lauretis und die Analyse des «sex-gender-Systems» in der kommunistischen und der kapitalistischen Serie soll den Studierenden ein besseres Verständnis des engen Zusammenhangs von Ideologien und Geschlechterkonstruktionen ermöglichen.

Modulbaustein: De-Centring Western Gender Media Studies

Curriculare Verankerung: Queer- und Gender Studies, Cultural Studies, Medien-/Kulturwissenschaften, Osteuropa Studien, Wissenschaftsgeschichte
Seminarthema: Gender (Media Studies) in Ost- und in Westeuropa, Fernsehen im Kalten Krieg
Seminar-/Lernziele: Studierende mit einem bereits vorhandenen Grundwissen im Bereich der Gender Studies werden für die unterschiedlichen Entwicklungen queer-feministischer Epistemologien in Ost- und in Westeuropa sensibilisiert. Damit geht eine kritische Auseinandersetzung mit der Dominanz anglophoner Theoriekonzepte und ihrer Übersetzung/Übertragung in nicht englischsprachige Kontexte einher. Durch den Vergleich der beiden TV-Serien aus der BRD und der Tschechoslowakei sollen die Studierenden in die Lage versetzt werden, progressive (subversive) und regressive (affirmative) Narrative kritisch zu lesen und in ihrem jeweiligen medialen, historischen und gesellschaftspolitischen Kontext zu verstehen.

---

3 Falls die Lehrveranstaltung Teil eines Seminars ist, empfehle ich die gemeinsame Sichtung der beiden Folgen in den vorangehenden Stunden bzw. in einem obligatorischen Sichtungstermin. Die gemeinsame Sichtung und eine anschließende Diskussion der ersten Eindrücke verstärkt meiner Erfahrung nach die Bereitschaft zur Auseinandersetzung mit dem filmischen Material. Auch kann eventuellen Frustrationen bzw. Missverständnissen Raum gegeben werden. Die übrige Zeit kann zur Kontextualisierung der TV-Serien eingesetzt werden, für die in der von mir geplanten Lehrveranstaltung kaum Zeit bleibt.

Nicole Kandioler

Vermittelte Kompetenzen:
- Bewusstsein für Situiertheit feministischer Diskurse einerseits und akademischen Wissens andererseits
- Differenztoleranz: Es gibt nicht nur *einen* Feminismus!
- Sensibilisierung für die Diversität der Teilnehmerinnen und Teilnehmer der Gruppe

Fachliche Ziele:
- Kritische Lektüre wissenschaftshistorischer Entwicklungen der Epistemologien der Gender Media Studies
- Kritische Auseinandersetzung mit osteuropäischer Fernsehkultur
- Verständnis für die Abhängigkeit von Gendernormen von ihren (historischen) geo-politischen und ideologischen Kontexten
- Anwendung und Vertiefung medienwissenschaftlicher Tools der Fernsehanalyse

Überfachliche Ziele:
- Filmsichtung als Instrument erfahren, mit Filmen zu denken
- Close-Reading von Texten, das darauf abzielt, die Hypothesen und die Thesen von Texten systematisch zu erfassen und als argumentative Instrumente zu begreifen
- aktive Mitgestaltung einer Diskussionskultur (in kleineren und in größeren Gruppen sowie im Plenum)

Einstieg

Inhalt: Zum Einstieg wird ein Ausschnitt aus René Polleschs 24 STUNDEN SIND KEIN TAG (ZDFtheaterkanal, dt. Erstausstrahlung am 24. November 2003, 4 Folgen) gezeigt. Mit diesem Hybrid aus Theateraufführung und TV-Soap verbeugt sich Pollesch vor der Fassbinder-Serie ACHT STUNDEN SIND KEIN TAG, um sie gleichzeitig aus heutiger Perspektive zu dekonstruieren. Ist bei Fassbinder noch die Utopie der 1968er Generation spürbar in dem genuinen Versuch, die Fernsehzuschauerinnen und -zuschauer durch das TV-Programm zu einer sozialpolitischen Reflexion anzuregen, hängen die Figuren Polleschs in der Schleife der totalen Entfremdung des Kapitalismus fest. Die Selbstbestimmung, die Fassbinder als politischer Wert noch erstrebenswert schien, ist bei Pollesch ein leerer Wahn, Auswuchs des neoliberalen Ich-Projektes, das nur mehr auf die Optimierung der eigenen Effizienz und Arbeitskraft abhebt. In dem Clip, in dem Pollesch die TV-Serie ACHT STUNDEN SIND KEIN TAG (WDR 1972/73, 5 Folgen) direkt zitiert, lernen Tine (Christine Groß) und Nina (Nina Kronjäger) einander in einem Selbstbedienungssupermarkt kennen und flirten miteinander. Wie bei Fassbinder folgt die Szene auf die Szene einer Geburtstagsfeier im Kreise der Familie, Freundinnen und Freunde. In beiden Filmen verlässt der Protagonist/die Protagonistin die Feier kurz, um eine dringende Besorgung für die Geburtstagsgäste zu machen und begegnet im Selbstbedienungsladen seinem/ihrem Love Interest, der in der Folge spontan zum Geburtstagsfest eingeladen wird. Auf der Dialogebene greift Pollesch die Missverständnisse zwischen Gottfried John und Hanna Schygulla, die sich durch exzessive Wiederholungen äußern, so auf, dass er Christine Groß alles wiederholen lässt, was Nina Kronjäger zu ihr sagt. Durch dieses Verlangsamen des Dialogs, durch die Slow Motion der Annäherung, entsteht eine filmische Spannung zwischen den beiden jeweils miteinander Flirtenden, die selbstreflexiv ist. Beide Szenen laden zu einer Reflexion über die jeweiligen Performances der Genderrollen und ihre Verschränktheit mit den Genrekonventionen ein.

Didaktischer Kommentar: Studierende werden in ihrer Gegenwart abgeholt bzw. steigen über eine zeitgenössische Hommage an die Fassbinder-Serie in die Auseinandersetzung mit den beiden Fernsehserien aus den 1970er Jahren ein, die einem heutigen Publikum nicht notwendigerweise leicht zugänglich sind.

Methodischer Kommentar: In einem ersten Schritt wird der Clip im Plenum gesichtet. In kleinen Gruppen (in Paaren) tauschen sich die Studierenden kurz darüber aus, was der Clip aus 24 STUNDEN SIND KEIN TAG mit Rainer Werner Fassbinders ACHT STUNDEN SIND KEIN TAG zu tun haben könnte. Im Plenum werden die Vermutungen diskutiert und die intertextuellen Referenzen und Zitatstrukturen werden stichpunktartig an der Tafel festgehalten. In einem zweiten Schritt wird auf die Szenen der ersten Begegnung zwischen Jochen und Marion (Fassbinder) und zwischen Tine und Nina (Pollesch) fokussiert. In zwei größeren Gruppen diskutieren die Studierenden, welche Gendernormen aus dem Verhalten der beiden Paare ablesbar sind und was sie einerseits über die Genrekonventionen und andererseits über den politischen Kontext der beiden TV-Serien vermuten lassen. Die Ergebnisse der Gruppendiskussion werden jeweils auf einem Flipchart festgehalten und bereiten die Hauptarbeitsphase vor.

Medien/Material:
- 24 STUNDEN SIND KEIN TAG (ZDFtheaterkanal 2003, René Pollesch, 4 Teile), Teil 1 «Tine und Nina», 30 Min., zu zeigen sind die ersten fünf bis zehn Minuten
- Tafel/zwei Flipcharts/Beamer.

Nicole Kandioler

Arbeitsphase

Inhalt: Die beiden Gruppen übernehmen die film- und textanalytische Arbeit mit den beiden TV-Serien sowie dem Text von Teresa de Lauretis. Die Gruppe, die zuvor die «Boy meets girl»-Szene aus ACHT STUNDEN SIND KEIN TAG bearbeitet hat, befasst sich nun mit DIE FRAU HINTER DEM LADENTISCH. Die Gruppe, die die «Girl meets girl»-Szene aus 24 STUNDEN SIND KEIN TAG analysiert hat, bearbeitet nun ACHT STUNDEN SIND KEIN TAG. Anhand der bei der Sichtung der Serien angefertigten Notizen zu den beiden Fragen, die an dieser Stelle noch einmal via Beamer auf die Leinwand projiziert werden (Wie werden die Geschlechterbeziehungen in den beiden Filmen dargestellt? Wie hängen die Inszenierungen des kapitalistischen Arbeiters und der kommunistischen Arbeiterin mit den in den Filmen reflektierten Gender-Entwürfen zusammen?), erstellen die Gruppen Cluster zu jeweils einer Sequenz aus den beiden Serien. Die beiden Sequenzen werden kurz gezeigt, anschließend wird an der Erstellung der Cluster gearbeitet, die auf dem Flipchart festgehalten werden. In einer zweiten Etappe der Arbeitsphase diskutieren die Gruppen, inwiefern die im Text von De Lauretis beschriebenen Technologien des Geschlechts auf die Fernsehinszenierungen der Männer und Frauen in den beiden TV-Serien anwendbar sind. In einer dritten Etappe vergleichen die Studierenden schließlich das filmische Material ACHT STUNDEN SIND KEIN TAG und DIE FRAU HINTER DEM LADENTISCH sowie ACHT STUNDEN SIND KEIN TAG und 24 STUNDEN SIND KEIN TAG, indem sie die Paarkonstruktionen der Serien konkret miteinander vergleichen. In den Fokus geraten so nicht nur die queeren Anteile der Erzählung von Heteronormativität (die ambigue Freundschaft zwischen Hanna Schygulla und Renate Roland bei Fassbinder), sondern auch die hetero- bzw. homonormativen Anteile der Erzählung von Homosexualität (die neoliberale Ausbeutungslogik des lesbischen Paares bei Pollesch).

Gruppe 1	Gruppe 2
ACHT STUNDEN SIND KEIN TAG (WDR 1972/74, Rainer Werner Fassbinder)	DIE FRAU HINTER DEM LADENTISCH (ČST 1977/78, Jaroslav Dudek)
Sequenz 1: Diskussion Jochens mit Marion und Besprechung der Arbeiter und Konflikt mit dem Vorgesetzten (Minute 38:40)	Sequenz 1: Besprechung der Mitarbeiterinnen und Wahl der Vertrauenskollegin (Minute 8:43)
Diskussion der Fragen: Wie werden die Geschlechterbeziehungen in den beiden Filmen dargestellt? Wie hängen die Inszenierungen des kapitalistischen Arbeiters und der kommunistischen Arbeiterin mit den in den Filmen reflektierten Gender-Entwürfen zusammen?	

Reflexion der gesichteten Folgen hinsichtlich des von De Lauretis beschriebenen «Sex-Gender-Systems»: Wie konstituiert die Geschlechterdifferenz jeweils die kapitalistische und die kommunistische Gesellschaft?

Vergleich 1: Vergleich der heterosexuellen Paarkonstruktionen in ACHT STUNDEN SIND KEIN TAG und DIE FRAU HINTER DEM LADENTISCH. Gibt es bei Fassbinder und bei Dudek auch Paare, die nicht als heterosexuell lesbar sind?	Vergleich 2: Vergleich der Paarkonstruktionen in ACHT STUNDEN SIND KEIN TAG und 24 STUNDEN SIND KEIN TAG. Wie übersetzt Pollesch das heterosexuelle Paar aus ACHT STUNDEN SIND KEIN TAG in seiner Serie? Welche Funktion hat der lesbische Flirt innerhalb der Narration?

Didaktischer Kommentar: Die Gruppenarbeiten dienen dazu, sich über die in der Sichtung der Serien gewonnenen Eindrücke auszutauschen und Irritationen zu thematisieren. Während sich die Studierenden in der ersten Etappe auf eine Serie konzentrieren und so eine werkimmanente Lektüre der Serie vornehmen, sollen sie in der zweiten Etappe die Serie mit den Konzeptualisierungsangeboten des wissenschaftlichen Textes in Verbindung bringen. Die dritte Etappe zielt darauf ab, durch den Vergleich jeweils zweier Serien die in der werkimmanenten Lektüre fixierten Deutungen wieder aufzubrechen und im Sinne des «Queering» zu verunsichern. Dadurch soll die Verschränktheit von Gender-Inszenierung und Genre analysierbar und der Fokus darauf gerichtet werden, dass die Aufführung von Gender von gesellschaftspolitischen, historischen und medialen Konventionen abhängt.

Methodischer Kommentar: Die Analyse von Filmen und von Texten erfolgt in einem engen Wechselbezug. Ziel der analytischen Arbeit ist es nicht, eine Wahrheit aus dem Text und eine Wahrheit aus dem Film zu destillieren, die mit- und gegeneinander abgeglichen werden. Ebenso wenig geht es darum, die Erkenntnisse des Textes durch Sequenzen aus dem Film- oder Fernsehbeispiel zu illustrieren (oder umgekehrt). Vielmehr soll das filmische Material mit dem wissenschaftlichen Text in einen Dialog treten, der dazu führt, dass das Potential der Bedeutungen der narrativen Visualisierungen ebenso kritisch hinterfragt wird wie die eigene subjektive Wahrnehmung und Lektüre dieser Bedeutungen. Während aber die Filmlektüren und der Filmvergleich tendenziell zu einer Verflüssigung der ersten Seherfahrung führen sollen und dazu, die Deutungsangebote des filmischen Materials auszuloten, sollen die Textlektüren zu einer differenzierten, aber dennoch präzisen Auswertung des Erkenntnisinteresses des jeweiligen Textes führen. Cluster (Wolfsberger 2009) werden im Kontext des kreativen wissenschaftlichen Schreibens gerne als impulsgebendes Verfahren genutzt, um den Schreibprozess zu initiieren. Mir scheint das Verfahren auch im Unterricht sinnvoll, wenn es darum geht, Eindrücke und Assoziationen sowie Ergebnisse eines kollektiven Denkprozesses gemeinsam zu ordnen und zu systematisieren.

Medien/Material:
- ACHT STUNDEN SIND KEIN TAG (WDR 1972/73, Rainer Werner Fassbinder, 5 Folgen), Folge 1 «Jochen und Marion», 101 Min.
- DIE FRAU HINTER DEM LADENTISCH (ČST 1977/78, Jaroslav Dudek, 12 Folgen), Folge 3 «Der Stellvertreter vom Chef», 51 Min.
- Tafel/zwei Flipcharts/Beamer

Literatur:
De Lauretis, Teresa: Die Technologie des Geschlechts. In: Elvira Scheich (Hg.): *Vermittelte Weiblichkeit. Feministische Wissenschafts- und Gesellschaftstheorie.* Hamburg 1996, S. 57–94.

Beobachtungen bei der Durchführung

Der von mir hier dargestellte Modulbaustein war Teil eines Bachelor-Seminars über postsozialistische Fernsehproduktionen mit dem Titel «Medien und Europa. Televisualität und (Post-)Sozialismus.» Während es seitens der rund 20 erst- und drittsemestrigen Studierenden der Medienwissenschaft großes Interesse an der Auseinandersetzung mit (ihnen großteils unbekannten) osteuropäischen TV-Produktionen gab, schien ihr Enthusiasmus, sich mit einer bundesdeutschen TV-Serie aus den 70er Jahren zu befassen (für einige von ihnen die Zeit, in der ihre Eltern Kinder waren), eher verhalten. Rainer Werner Fassbinder wiederum war nur wenigen Studierenden ein Begriff. Fassbinder ist eher als «Auteur» des neuen deutschen Films bekannt, der anspruchsvolle Melodramen oder Literaturverfilmungen realisierte, und nicht als Fernsehmacher mit Interesse an Mainstream-Genres. ACHT STUNDEN SIND KEIN TAG wurde von den Studierenden daher erstaunlich einstimmig als schlecht gemachte, altmodische und einfallslose Fernsehserie rezipiert («artifizielle Mise-en-scène», «schlechte und hässliche Schauspielerinnen und Schauspieler», «mangelnder Realismus», «mangelnde Authentizität der Darstellungen der Arbeiter»), während sie der Propaganda-Serie aus der Tschechoslowakei offener gegenüber traten («Humor», «authentische Darstellung der Verkäuferinnen in fast dokumentarischen Sequenzen»). Erst nach einer ausführlichen Sequenzanalyse und einer Kontextualisierung der TV-Serie in Rainer Werner Fassbinders Leben und Werk ließen sich die Studierenden darauf ein, ihre Perspektive auf ACHT STUNDEN SIND KEIN TAG noch einmal zu überdenken. Zu meiner nachhaltigen Enttäuschung bezeichnen sie die Fassbinder-Sichtung jedoch noch heute als das Trauma meines, ansonsten sehr positiv evaluierten, Seminars.[4] Heute denke ich, dass womöglich gerade jene Vorbehalte gegenüber der Fassbinder-Serie (bzw. auch gegenüber deutschsprachigem Fernsehen im Allgemeinen) die Offenheit gegenüber DIE FRAU HINTER DEM LADENTISCH erst ermöglichten. In einem anderen Seminar mit Bachelor-Studierenden zum Thema tschechoslowakisches Fernsehen im Sozialismus zeigte ich DIE FRAU HINTER DEM LADENTISCH ohne Fassbinder: Die Kritik nach der ersten Sichtung der Serie lautete ähnlich wie die Kritik an ACHT STUNDEN SIND KEIN TAG. Die Serie sei hoffnungslos veraltet und für ein heutiges Publikum nicht mehr interessant. Mit dieser Beobachtung möchte ich keineswegs die analytische Kompetenz meiner Studierenden in Frage stellen. Vielmehr zeigt dieses Beispiel, wie kontextabhängig die Rezeption und die Perzeption von filmischem Material sind. Gerade der Impuls, etwas zu verwerfen oder sich von etwas zu distanzieren, ermöglicht auch, sich auf etwas Anderes einzulassen. Diese Affekte, die Medien in uns auslösen, halte ich für einen wesentlichen Aspekt jener «partial perspective» (Haraway 1988, 583), die uns für das Verständnis für die Situiertheit von Wissen und Wissensproduktion sensibel macht.

Gleichzeitig möchte ich noch einen anderen Aspekt ansprechen, der den Umgang der Studierenden mit dem tschechoslowakischen Filmmaterial möglicherweise beeinflusst hat. Dieser Aspekt betrifft meinen eigenen osteuropäischen Hintergrund, der für die Studierenden durch meine Kenntnis des Tschechischen deutlich wurde und den ich im Unterricht offen legte. In der Evaluierung der Lehrveranstaltung haben mehrere Studierende diesen Hintergrund direkt angesprochen. Ein_e Student_in[5] schreibt: «Danke, dass Sie (...) Ihren kulturellen Hintergrund mit uns geteilt haben!» Meine Tschechischkenntnisse scheinen also meinen Expertinnen-Status für die Studierenden authentifiziert zu haben. Auch die Bemerkung eine_r Student_in unter der Rubrik «An der Veranstaltung hat mir besonders gefallen...» weist in diese Richtung: «die Entdeckung einer neuen Welt». Vielleicht hat mein familiärer Hintergrund tatsächlich einen positiven Exotismus befördert, den ich als «Einheimische» dieser «neuen Welt» sozusagen befriedigen konnte. Keinesfalls möchte ich damit andeuten, dass «einheimisch» zu sein, die Zugehörigkeit zu einer spezifischen nationalen Identität bedeuten würde. Aus der Erfahrung des Co-Teachings mit einem deutschen Kollegen, der selbst nicht über einen osteuropäischen Hintergrund verfügt und der durch seine jahrelange Beschäftigung mit dem osteuropäischen Film und seine Begeisterung dafür den Studierenden die Relevanz dieses Wissens deutlich machen konnte, kann ich sagen,

---

4 Daran konnte auch die Sichtung des Ausschnitts aus René Polleschs 24 STUNDEN SIND KEIN TAG nichts ändern, der die Studierenden aber immerhin insofern überraschte, da sie sich über das Interesse eines zeitgenössischen Theatermachers an Fassbinders Serie wunderten.

5 Die Evaluierung erfolgte anonym, das Geschlecht der Autor_innen dieser Anmerkungen ist mir daher nicht bekannt.

dass der Eindruck «einheimisch» in der zu vermittelnden Wissenswelt zu sein, nicht von den eigenen Wurzeln abhängt. Auf struktureller Ebene unterscheidet den/die Einheimische/n von dem/der Experten/in eine körperliche Erfahrung, die über ein rein kognitives Wissen hinausgeht. Diese Erfahrung (eine affektive Verbundenheit mit dem Lehr- und Forschungsgegenstand) ist natürlich unabhängig von der nationalen Identität des/der Lehrenden, gleichzeitig beeinflusst sie massiv die Frage, wer wir als Lehrende sind. Für die Selbstverortung als Lehrende und für eine Wissensvermittlung, die die Subjektivität der eigenen Perspektive kritisch reflektiert, scheint mir die Auseinandersetzung mit dieser (der eigenen) affektiven Verbundenheit mit dem Lehr- und Forschungsgegenstand von hoher Relevanz.

TV-Material

ACHT STUNDEN SIND KEIN TAG (WDR 1972/73, Rainer Werner Fassbinder, 5 Folgen)
24 STUNDEN SIND KEIN TAG (ZDF theaterkanal 2003, René Pollesch, 4 Teile)
DIE FRAU HINTER DEM LADENTISCH (CZ 1977/78, Jaroslav Dudek, 12 Folgen)

Literatur

Butler, Judith: *Körper von Gewicht. Die diskursiven Grenzen des Geschlechts*, Berlin 1995.
Collins, Richard/Porter, Vincent: *WDR and the Arbeiterfilm: Fassbinder, Ziewer and others*. London 1981, S. 50–63.
De Lauretis, Teresa: Die Technologie des Geschlechts. In: Elvira Scheich (Hg.): *Vermittelte Weiblichkeit. Feministische Wissenschafts- und Gesellschaftstheorie*. Hamburg 1996, S. 57–94.
Haraway, Donna: Situated Knowledges: The Science Question in Feminism and the Privilege of Partial Perspective. In: *Feminist Studies* (14/3), 1988, S. 575–599.
Imre, Anikó/Havens, Timothy/Lustyik, Katalin: *Popular Television in Eastern Europe During and Since Socialism*. London 2013.
Kandioler, Nicole: Utopie und Normalisierung. TV-Serien als Indikatoren und Mediatoren von gesellschaftlichen Brüchen. In: *Bruch und Ende im seriellen Erzählen. Vom Feuilletonroman zur Fernsehserie*. Hg. v. Birgit Wagner. Göttingen 2016, S. 109–125.
Lünenborg, Margreth/Maier, Tanja: *Gender Media Studies. Eine Einführung*. Stuttgart 2013.
Peters Kathrin/Seier, Andrea: Gender Studies. In: Jens Schröter (Hg.): *Handbuch Medienwissenschaft*. Stuttgart 2014, S. 528–536.

Seier, Andrea: *Remediatisierung. Die performative Konstitution von Gender und Medien*. Münster 2007.
Wagner, Hedwig: *Gendermedia. Zum Denken einer neuen Disziplin*. Weimar 2008.
Wolfsberger, Judith: *Frei geschrieben. Mut, Freiheit und Strategie für wissenschaftliche Abschlussarbeiten*. Wien 2009.

Weiterführende Literatur

Elsaesser, Thomas: *Rainer Werner Fassbinder*. Berlin 2012.
Imre, Anikó: *East European Cinemas*. London 2005.
Kulpa, Roberto/Mizielińska, Joanna: *De-Centring Western Sexualities. Central and Eastern European Perspectives*. London 2011.

Christiane Lewe

Utopie als Methode

Der hier vorgeschlagene Modulbaustein stammt aus einem Seminar zur Einführung in Frage- und Problemstellungen der Queer Studies, das ich im Sommersemester 2015 an der Fakultät Medien der Bauhaus-Universität Weimar durchgeführt habe. Unter dem Titel *#placesmorefiercethanhere – Queere Utopien im Social Web* verfolgte das Seminar im Wesentlichen zwei Fragen: Wo gerinnen progressiv erscheinende Errungenschaften (z. B. Homo-Ehe, Coming-out) wieder zu normativen Machtstrukturen? Und wie/wo gewinnen unterdrückende und diskriminierende Strukturen eine neue, eigene queere/utopische Qualität? Ziel war es, methodisch gerahmt bei den Seminarteilnehmenden eine produktive Krise herbeizuführen, die die Perspektiven auf das eigene Leben erweitert und Möglichkeiten der Veränderung eröffnet.

Gender- und diversity-sensible Lehre stellt lieber Fragen als Antworten zu geben. Sie verkompliziert scheinbar eindeutige Sachverhalte. Sie betont Widersprüche und vervielfacht Perspektiven statt Eindeutigkeiten zu suchen. Das ist eine Form der Kritik, die keine Beurteilung oder Bewertung darstellt, sondern geronnene Machtstrukturen wieder in Bewegung setzt und Möglichkeiten der Veränderung schafft. Dieser Sinn für das Mögliche verbindet die feministische Tradition literarischer Utopien mit kritischen Ansätzen der Queer Theory. Für feministische Bewegungen ist die Utopie seit dem 19. Jahrhundert ein wichtiges Genre, um Visionen einer anderen, postpatriachalen Gesellschaft zu entwickeln. In der Fiktion wird eine andere Welt denkbar, sei sie auch noch so fern (vgl. Holland-Cunz 1986). Lena Eckert bringt die kritische Funktion der Utopie wie folgt auf den Punkt: «To put it simply: we can't do what we can't think, so why not think what we could do?» (Eckert 2011, 69).

Die visionäre Qualität ist auch der Queer Theory eigen. Sie trägt einen Begriff im Namen, der als Schimpfwort gegen von der Norm abweichende Lebensweisen (z. B. schwul, lesbisch, transsexuell) verwendet wurde und immer noch wird. Mit der Queer-Bewegung, die vor allem in den USA der späten 1980er ihren Ausgang nimmt, eroberten sich diejenigen den Begriff zurück, die damit stigmatisiert wurden, vor allem auch transsexuelle oder transgendered People of Color (vgl. Cohen

1997). Queer zu sein wurde so positiv umgewertet und bejaht. Von der Norm abzuweichen, Ordnungen zu sprengen und Identitätskategorien wie männlich/weiblich durch Uneindeutigkeit zu stören, wurde im akademischen Kontext der Queer Studies zur kritischen Strategie erhoben. Queeren heißt seither, etablierte Kategorien und Ordnungen herauszufordern, aufzubrechen und zu verändern. Sich selbst als queer zu bezeichnen, ist der Idee nach keine eindeutige Form der Identifizierung wie weiblich oder schwul, sondern bezeichnet die Zurückweisung eindeutiger Identifizierbarkeit (vgl. Jagose 2001; Woltersdorff 2003). Warum ist das erstrebenswert?

Mit einer eindeutigen Identität gehen Rollenerwartungen einher, die den eigenen Gestaltungsraum – wie man sich verhält und präsentiert – stark einschränken. In klaren Identitätskategorien sind Machtstrukturen am Werk, die eine Person an eine beständige Rolle binden und ihr nur in sehr begrenztem Maße Möglichkeiten der Veränderungen zubilligen. Nicht zuletzt sind Identitätskategorien Grundlage für Diskriminierung und Ungleichbehandlung.

Kategorien und Identitäten lassen sich nicht vermeiden. Folgt man der Subjekttheorie von Michel Foucault, gibt es kein Dasein außerhalb von Machtstrukturen. Subjekte sind nicht ahistorisch und autonom, sondern veränderliche Effekte von produktiven Machtmechanismen (z. B. sprachliche Kategorien), durch die sie konstituiert werden, aber auch sich selbst konstituieren (vgl. Foucault 1976 und 1982). Queer Theory spielt mit einem Schwebezustand, der diese Festlegungen immer wieder aufs Neue in Bewegung bringt und darüber auch Subjektivierungen verändert. Der US-amerikanische Queer-Theoretiker José Esteban Muñoz schreibt:

> The here and now is a prison house. We must strive, in the face of the here and now's totalizing rendering of reality, to think and feel a then and there. [...] Queerness is essentially about the rejection of a here and now and an insistence on potentiality or concrete possibility for another world.
> *(Muñoz 2009, 1)*

So wie die Utopie Visionen anbietet, die aus gegenwärtigen Zwangslagen herausführen, sieht Muñoz auch in der Queerness eine Kraft, die das Gefängnis der Gegenwart zurückweist und transzendiert, indem sie auf der Möglichkeit einer anderen Welt, d. h. auch anderer Subjektivitäten beharrt.

Queere Kritik zeigt auf, dass Dinge, die selbstverständlich und unhinterfragbar erscheinen, tatsächlich veränderbar sind. Sie ermittelt Fluchtwege. Schon die Möglichkeit der Veränderung enthält die Möglichkeit der Verbesserung. Es kann daher niemals ein Queer-Sein, sondern nur ein Queer-Werden geben.

Daraus ergibt sich allerdings ein grundsätzliches Dilemma: Eindeutige Identitätszugehörigkeiten sind sowohl die Quelle von Diskriminierung und Unterdrückung als auch Grundlage für politische Sichtbarkeit und die Zuerkennung von Rechten (vgl. Gamson 1995, 390). Queere Kritik kann also nicht auf unmittelbare politische Einflussnahme zielen. Programmatische Maßnahmenpakete sind nicht ihre Sache. Das macht sie aber keineswegs weniger relevant. Im Gegenteil: Queere Kritik ist im besten Sinne «utopisch». Als Fiktion einer besseren Welt ist die Utopie bereits eine kritische Intervention in die Gegenwart. Utopie und Realität hängen zusammen, sind aufeinander bezogen. Utopisches Denken ist bereits wirklichkeitsverändernd (vgl. Eckert 2011). Wird sie aber per Dekret in die Tat umgesetzt, entwickelt auch die Utopie unabwendbar Ausschlussmechanismen und neue Formen der Unterdrückung. Dynamische Kräfte der Kritik gerinnen zu festgefahrenen, diskriminierenden Machtstrukturen. Dieses Schicksal trifft alle politischen Bemühungen, die nach endgültig gerechten Lösungen streben. Die Utopie genauso wie Queerness entnehmen ihre kritische Kraft aber gerade dem unabschließbaren Streben nach einer Zukunft, die ein transformatives Potential für die Gegenwart bereithält, ohne eins zu eins realisiert zu werden. Gerechtigkeit liegt in der Möglichkeit zur Veränderung.[1]

Diese Haltung unabschließbarer Kritik, die Möglichkeiten eröffnet, Widersprüche vervielfacht und Perspektiven multipliziert, ist für die Queer Theory zentral. Ein Einführungsseminar in die Queer Theory kann daher nicht in der Vermittlung von Faktenwissen und Theoriegeschichte aufgehen, sondern muss in diese kritische Haltung einüben. Besonders brisant dabei ist, dass – anders als in den meisten anderen akademischen Feldern – die «objektive» Distanz zum Gegenstand nicht aufrecht erhalten werden kann und sollte. Lernende sind nolens volens ganz persönlich angesprochen. In der Queer Theory stehen Gewissheiten, klare Orientierungspunkte und Überzeugungen, die unmittelbar die Lebenserfahrung der Lernenden betreffen, auf dem Spiel. Diese Grunderschütterungen können bei den Lernenden Gefühle der Frustration und Abwehrreaktionen hervorrufen.

Aufgaben der gender- und diversity-sensiblen Lehre sind m. E. daher

---

1   Selbstkritisch sei hier erwähnt, dass sich die Emphase auf ein unabschließbares Streben nach Veränderung und eine Auflösung jeder Festlegung in eine Vielfalt möglicherweise auch auf problematische Art in eine neoliberale Marktlogik fügen lässt. Antke Engel schreibt dazu: «Ich möchte die These vertreten, dass neoliberale Diskurse eine Pluralisierung sexueller Subjektivitäten und Lebensformen forcieren, weil damit eine Ideologie der freien Gestaltbarkeit des eigenen Lebens, inklusive Körper und Selbst, versinnbildlicht werden kann. Insofern diese Gestaltungsmacht als ‹Befreiung von repressiven Regulierungen› gepriesen wird, dient sie dazu, gesellschaftliche Verantwortung in Eigenverantwortung zu übersetzen und Zustimmung zum Leistungsprinzip sowie zum Abbau sozialstaatlicher Absicherung schmackhaft zu machen. Entsprechend behaupten die neoliberalen Diskurse eine Konvergenz oder quasi natürliche Stimmigkeit zwischen sexuellem Pluralismus und Marktpluralismus, zwischen sexueller Freiheit und Marktfreiheit» (Engel 2009, 26). Der gleichen Logik folgt auch die neoliberale Affirmation von Ambivalenzen, Hybriden und Paradoxien, für die auch ich mich in diesem Artikel besonders ausspreche. Meines Erachtens ändert diese Förderung pluraler Subjektivitäten und Lebensweisen durch neoliberale Diskurse aber nichts an der grundsätzlichen Wirksamkeit queerer Kritik, die – als Krise verstanden – immer sowohl positive als auch negative Effekte hervorrufen kann.

1. queere Kritik einzuüben, d. h. Selbstverständlichkeiten, scheinbar eindeutige Sachverhalte und bequeme Überzeugungen immer wieder zu hinterfragen, in Bewegung zu bringen, ohne in endgültigen Urteilen und Lösungsvorschlägen zu münden;
2. Kompetenzen zu vermitteln, die es erlauben, diese Offenheit und Widersprüchlichkeit nicht zurückzuweisen, sondern anzunehmen.

Das Konzept der Utopie erlaubt eine spielerische Distanz, die neue Perspektiven auf die Gegenwart eröffnet, ohne den Status Quo und die utopische Alternative miteinander vereinbaren zu müssen. Sie befreit vom «Gefängnis des Hier und Jetzt», ohne dass sofort ein alternativer Lösungsvorschlag verwirklicht werden müsste. Da dieser Zustand der Unentschiedenheit für viele aber nur schwer erträglich ist, kann man immer wieder die gleichen Reaktionen bei Studierenden beobachten: Die Optimist*innen erwarten, dass die Lösung für ein Problem in wenigen Jahren im Zuge des allgemeinen Fortschritts von allein eintritt («Wir sind schon weit gekommen, in 10 Jahren werden alle gleichberechtigt sein.»). Die Pessimist*innen zweifeln an der Realisierbarkeit der utopischen Idee und verwerfen sie darüber völlig («Das ist doch unter den gegebenen gesellschaftlichen Umständen sowieso nicht umsetzbar.»). Beide Varianten bringen die kritische Dynamik zum Stillstand und machen passiv.

Das utopische Spekulieren sollte durchaus radikal und weit getrieben werden, ohne die utopische Alternative jedoch ideologisch und normativ zu vermitteln. Die Utopie verliert dann ihre kritische Offenheit und bekommt einen Zwangscharakter, der die Frustrationen und Abwehrreaktionen nur noch mehr fördert. Gender- und diversity-sensible Lehre sollte daher darauf achten, den offenen Schwebezustand zu bewahren, d. h. weder die in der Kritik stehenden Überzeugungen zu denunzieren, noch den utopischen Entwurf normativ als Lösung zu präsentieren (vgl. Hartmann 2013). Vielmehr sollte ein Raum geschaffen werden, in dem es gelingt, sich mit Begeisterung selbst zu hinterfragen und Perspektiven zu vervielfachen.

Modulbaustein: Vom Coming out zum Inviting in?

Curriculare Verankerung: Queer- und Gender Studies, Cultural Studies, Medien-/Kulturwissenschaften
Seminarthema: Queere Utopien
Seminar-/Lernziele: Studierende lernen grundlegende Fragen- und Problemstellungen der Queer Studies kennen. Sie lernen, die Unauflösbarkeit von Widersprüchen anzuerkennen und erhalten Einblick in die Rolle queerer Kritik innerhalb von Machtstrukturen und -dynamiken. Vermittelte Kompetenzen: Ambiguitätstoleranz; Zufriedenheit mit Problemauseinandersetzungen, die

nicht zu einem eindeutigen Ergebnis führen; Vertrautheit mit der Diversität unvereinbarer Standpunkte innerhalb der Seminargruppe; Lust am Hinterfragen und Wiederverkomplizieren von scheinbar eindeutigen Sachverhalten.

Fachliche Ziele:
– Einführung in inter-und transdisziplinäre Frage- und Problemstellungen der Gender- und Queer Studies.

Überfachliche Ziele:
– Queere Kritik: Festgefahrene Machtstrukturen wieder in Bewegung bringen, Perspektiven multiplizieren.

Einstieg: [15 Minuten]

Inhalt: Zum Einstieg wird ein Coming-out-Video gezeigt. In dem Youtube-Clip «Twins Come Out To Dad» rufen Zwillingsbrüder via Mobiltelefon ihren Vater an, um ihm zu sagen, dass sie schwul sind. Im Anschluss an den Clip werden kurz einige Eindrücke und Assoziationen gesammelt.

Didaktischer Kommentar: Studierende gewinnen einen Eindruck von einem typischen und sehr populären Beispiel aus dem Youtube-Genre «Coming-out». Der Clip ist neben dem Text von Darnell Moore Grundlage für die Diskussion in der Hauptphase.

Methodischer Kommentar: Eindrücke und Assoziationen sollten stichpunktartig an der Tafel festgehalten werden.

Medien/Material:
– Tafel/Whiteboard/Flipchart
– Youtube-Clip: TWINS COME OUT TO DAD. The Rhodes Bros, 14.01.2015 (https://youtu.be/L3K0CJ8usPU, zuletzt aufgerufen am 01.03.2016)

Arbeitsphase: [60 Minuten]

Inhalt: In drei Etappen diskutieren die Seminarteilnehmer*innen drei verschiedene Fragen in wechselnden/wachsenden Kleingruppen. Die verschiedenen Arbeitsschritte mit dazugehörigen Fragen und Materialien sowie die Anweisungen zur Gruppenbildung werden im Vorhinein angekündigt und am besten auf einer Tafel angeschrieben.

1. Etappe (20 Minuten): Es werden Zweier-Teams gebildet. Die Gruppen bekommen die Anweisung: Diskutieren Sie die Vor- und Nachteile des Coming-outs! Grundlage bilden der Youtube-Clip und der in Vorbereitung auf die Seminarsit-

Utopie als Methode

zung gelesene Text von Darnell Moore.[2] Es können auch eigene Erfahrungen, weitere Quellen und persönliche Ideen und Ansichten eingebracht werden. Alle Studierenden sollten die Pro- und Contra-Argumente auf einem Blatt Papier notieren.

2. Etappe (20 Minuten): Die Studierenden finden sich selbstständig in neuen Zweiergruppen zusammen. Nun wird die Frage diskutiert: Welche Rolle spielt das Coming-out, wenn man nicht der christlich-säkularen liberalen Mehrheitsgesellschaft (wie die Zwillingsbrüder aus dem Youtube-Clip) angehört, sondern mit intersektionalen Mehrfachdiskriminierungen konfrontiert ist: Welche Erfahrungen macht etwa eine Person, die schwul/lesbisch und muslimisch ist? Um die Diskussion anzustoßen, kann ein Zitat aus den autobiografischen Kurzporträts auf dem Tumblog *Me and Allah: A Queer Muslim Photo Project* ausgeteilt werden. Zum Beispiel von Hengameh aus Berlin:[3]

> The queer scene seemed so white and boring. I had a hard time identifying when I was being true to myself. In September 2014, I went to a Cutie BPoC[4] party and it was really nice. I felt empowered and no longer weird and the group became a community to me. It's very hard not to believe that religion is bad when you grow up in an anti-Muslim society that demonizes Islam, especially post-9/11. […] I did not know that I was allowed to call myself Muslim while being queer.

Die Teilnehmenden sollten ihre Notizen durch neue Punkte ergänzen.

3. Etappe (20 Minuten): Aus je zwei Zweier-Teams werden nun Vierer-Teams gebildet, die abschließend auf Grundlage des Moore-Texts die utopische Alterna-

---

2 In seinem kurzen Text formuliert Darnell Moore eine Kritik am Coming-out, das letztlich einem Öffentlichkeitszwang gleichkomme und einer heteronormativen Logik folge. Mit dem *Inviting-in* schlägt er eine utopische Alternative vor. Das Prinzip des Coming-out wird dabei umgekehrt: Statt immer wieder vor einer Mehrheitsgesellschaft die eigene sexuelle Orientierung/Identität/Lebensweise offenzulegen, werden beim *Inviting-in* nur ausgesuchte Menschen in die eigene Lebensweise eingeladen. Der metaphorische «Schrank» (closet), aus dem man beim Coming-out heraustreten muss, um angeblich endlich befreit und glücklich zu sein, wird in diesem Alternativkonzept zur wertvollen Schatzkiste, die man nicht verlassen muss, sondern in die man andere einlädt. Seine radikale, utopische Qualität bekommt das Konzept des *Inviting-in*, wenn man bedenkt, dass seine Durchsetzung heteronormative, binäre Kategorien von außen/innen, sichtbar/unsichtbar, Stolz/Scham, Homo/Hetero hinfällig machen könnte (vgl. Moore 2011).

3 Hengameh Yaghoobifarah ist Redakteurin beim *Missy Magazin*, freie Journalistin und Bloggerin.

4 Das Cutie BPoC Festival ist ein dreitägiges Festival in Berlin von und für QTIBPOC (Queer_Trans*_Inter*_Black_und_People_of_Color). Vgl. Website des Festivals: www.cutiebpocfest.com (zuletzt aufgerufen am 04.01.2016).

tive des Inviting-in diskutieren: Was wäre anders, wenn das Inviting-in, nicht das Coming-out, die gängige Praxis wäre? Welche Auswirkungen hätte das nicht nur auf die Individuen, sondern auf die Gesellschaft insgesamt? Was würde dann als normal gelten? Die Spekulationen sollen möglichst weit getrieben werden.

Didaktischer Kommentar: Schrittweise nähern sich die Studierenden einer Wiederverkomplizierung eigener Überzeugungen und/oder des im Mainstream verankerten Konsens, die in einem offenen Ergebnis mündet.

Methodischer Kommentar: Die Diskussion in wechselnden/wachsenden Kleingruppen erleichtert einen Zugang zum Thema und ermöglicht einen Lernprozess in Etappen. Hemmungen, vor der Großgruppe zu sprechen, werden so umgangen.

Medien/Material: Papier und Stifte, um Notizen zu machen.

Moore, Darnell L.: *Coming out, or, Inviting in?: Reframing Disclosure Paradigms.* Lunch Talk, 07.02.2011, Center for the Study of Gender and Sexuality, New York University (http://bit.ly/1TO9Fao, zuletzt aufgerufen am 01.03.2016).
Exemplarische Geschichten/Zitate aus dem Tumblog: *Just me and Allah: A Queer Muslim Photo Project* (http://queermuslimproject.tumblr.com, zuletzt aufgerufen am 02.12.2015).

Abschluss: (10–15 Minuten)

Inhalt: In einem kurzen Blitzlicht hat jede*r Gelegenheit in ein bis zwei Sätzen ein kurzes Statement abzugeben. Wie fand ich die Diskussion? Welche neue Einsicht habe ich mitgenommen? Was hat mich besonders überrascht?

Didaktischer Kommentar: Die Diskussionsergebnisse verbleiben weitestgehend in den Kleingruppen und werden nicht im Detail in der Großgruppe zusammengetragen. Das Blitzlicht bietet dennoch die Gelegenheit kurz einige Eindrücke mit allen zu teilen.

Methodischer Kommentar: Ein Gegenstand wird herumgereicht. Nur, wer den Gegenstand hält, darf sprechen. Das gewährleistet, dass den Sprechenden auch zugehört wird. Die Statements bleiben unkommentiert. Auf diese Weise kommt jede* zu ihrem Recht, Eindrücke/Anmerkungen/Kritik zu äußern, ohne be-/verurteilt zu werden und sich rechtfertigen zu müssen.

Medien /Material: beliebiger Gegenstand.

Utopie als Methode

Literaturempfehlung

Gamson, Joshua: Must Identity Movements Self-Destruct? A Queer Dilemma. In: *Social Problems* (42/3), 1995, S. 390–407 (http://bit.ly/1TOa1hd, zuletzt aufgerufen am 02.12.2015).
Moore, Darnell L.: *Coming out, or, Inviting in?: Reframing Disclosure Paradigms.* Lunch Talk, 07.02.2011, Center for the Study of Gender and Sexuality, New York University (http://bit.ly/1TO9Fao, zuletzt aufgerufen am 01.03.2016).
Muñoz, Jose Esteban: *Cruising Utopia. The Then and There of Queer Futurity.* New York 2009.

Methode

Die Seminarteilnehmenden in Kleingruppen statt im Plenum über ein Thema diskutieren zu lassen, ist eine basale Methode, die unter Stichworten wie «Murmelgruppe» oder «Buzz Group» in vielen didaktischen Handbüchern zu finden ist. Hauptziel ist es, alle Teilnehmenden zu aktivieren und Hemmungen, vor der Großgruppe zu sprechen, zu vermeiden. Gerade eine erste Annäherung an ein Thema oder das Einbringen von persönlichen Erfahrungen gelingt im geschützteren Rahmen einer Kleingruppe besser. Es geht auch darum, mögliche Gemeinsamkeiten und Allianzen untereinander zu entdecken. Claudia Walter und Franz Waldherr schreiben dazu: «Nach einer Murmelgruppe ist man als Studierender nicht mehr nur Vertreter seiner persönlichen Meinung, sondern Sprecher eines kleinen Konsortiums. [...] Der Einzelne ist dadurch sicherer in seiner Darstellung, weil er die bestätigende Meinung der anderen kennt» (Waldherr, Walter 2009, 35). Gerade weil inhaltlich eine Erschütterung von Gewissheiten auf dem Plan steht, ist es wichtig, methodisch möglichst ein Gefühl von Sicherheit zu vermitteln.

Es gilt jedoch zu beachten, dass ein gewöhnliches Hochschulseminar, das für alle offen ist, nicht unbedingt ein sicherer Raum für LGBTQIA*[5]-Personen ist, da diese sich wahrscheinlich gegenüber heterosexuellen Cisgender-Personen[6] in der Minderheit befinden werden. Man muss sich vergegenwärtigen, dass demokratische Offenheit und das Mehrheitsprinzip immer zu Lasten von Minderheiten geht. Auch die Diskussion in Kleingruppen kann unangenehm sein, wenn sich LGBTQIA*-Personen durch den unmittelbar persönlichen Bezug zum Thema gedrängt fühlen, sich vor der Kleingruppe zu outen oder womöglich als Expert*innen herhalten zu müssen. Es sollte Seminarteilnehmer*innen grundsätzlich freistehen, sich dieser

---

5   LGBTQIA* steht für lesbian, gay, bisexual, transgender, queer, intersex, asexual und andere.
6   «Cisgender» ist neben z. B. «transgender» und «intersexuell» eine Bezeichnung für eine sexuelle Identität. «Cisgender» bezeichnet Menschen, deren Geschlechtsidentität mit dem biologischen Geschlecht übereinstimmt, das ihnen bei der Geburt zugewiesen wurde.

Situation auszusetzen oder ihr fernzubleiben, wenn sie das Gefühl haben, keinen sicheren Rahmen vorzufinden. Um nicht positiv zu diskriminieren, muss diese Freiwilligkeit des Seminarbesuchs grundsätzlich allen erlaubt sein. Die persönliche Ebene der Diskussion kann am besten vermieden werden, indem man sich auf das Diskussionsmaterial bezieht. Statt gezwungen zu sein, über persönliche Erfahrungen zu sprechen, sollten die Seminarteilnehmer*innen die Möglichkeit haben, über die Erfahrungen von Menschen zu diskutieren, die via Youtube-Clip, Blog-Beitrag oder publiziertem Text die Öffentlichkeit freiwillig gesucht haben. So kann man über Erfahrungen sprechen, die den eigenen ähneln, ohne sich tatsächlich outen zu müssen. Die Diskussionsmaterialien dienen als Advokaten für die eigene Position, sodass man nicht selbst dafür einstehen muss. Die Vielfalt der repräsentierten Stimmen ist deshalb sehr wichtig. Menschen mit unterschiedlichen Erfahrungen sollten darin ihre Advokaten finden können.

Meinem Artikel wird man anmerken, dass ich beim Schreiben eine relativ homogene Gruppe mit mehrheitlich weißen, heterosexuellen, cis-gender Studierenden mit bürgerlichem Hintergrund vor Augen hatte. Das liegt daran, dass meine Erfahrungen aus einem Seminar mit genau diesem Publikum herrühren. Meine Einsichten werden anderen Kontexten und anderen Gruppen womöglich nicht gerecht.

Das Prinzip der schrittweise wachsenden Murmelgruppe findet sich ebenfalls in vielen Methodenkatalogen unter verschiedenen Namen (z. B. «wachsende Gruppe», «Snowballing», «Think – Pair – Share», «Pyramidenmethode») mit jeweils unterschiedlicher Schwerpunktsetzung wieder. Gemeinsam ist ihnen die Aufteilung einer Gruppenarbeit auf mehrere Etappen unter Verdopplung der Gruppengrößen. Die Arbeit kann in Einzelarbeit beginnen und im Plenum münden oder sich in Gruppen zwischen zwei und acht Mitgliedern abspielen. Im oben beschriebenen Modulbaustein habe ich mich auf Gruppengrößen zwischen zwei und vier Mitgliedern beschränkt, da m. E. die aktivierenden Effekte der Kleingruppendiskussion in größeren Gruppen wieder nachlassen und bei einigen erneut Hemmungen einsetzen. Auch habe ich darauf verzichtet, Diskussionsergebnisse im Plenum zusammenzutragen. Der Modulbaustein zielt vor allem auf das Multiplizieren von Standpunkten und Sichtweisen, die in ihrer Offenheit und Widersprüchlichkeit bestehen bleiben. Ein Zusammentragen im Plenum könnte diese Perspektivenvielfalt wieder zurücknehmen. Wenn nur einzelne Redner*innen dominieren (und damit ist auch die Seminarleitung gemeint), gewinnen unter Umständen einzelne Standpunkte oder Mehrheitsmeinungen wiederum eine normative Kraft.

Die Kleingruppendiskussion in drei Etappen dient in diesem Modulbaustein der schrittweisen Intensivierung und Radikalisierung der Diskussion. Von einer einfachen Sammlung der Vor- und Nachteile des Coming-out (Etappe 1) über eine

Wiederverkomplizierung durch Kontextverschiebung (Etappe 2) bis hin zu utopischen Spekulationen (Etappe 3) soll dem diskutierten Gegenstand jede Selbstverständlichkeit genommen werden, um völlig neue Perspektiven darauf einnehmen zu können. Die Mischung der Gruppen mit jeder neuen Etappe dient ebenfalls der Vervielfachung von Sichtweisen. Die Diskutant*innen sind immer wieder neu aufgefordert, zuvor erarbeitete Standpunkte einander vorzustellen und im Hinblick auf die neue Fragestellung zu überprüfen und weiterzudenken. Das erarbeitete Wissen in den einzelnen Etappen baut aufeinander auf. Durch den wechselnden Austausch untereinander gewinnen die Studierenden schnell neue überraschende Einsichten, was im Idealfall dazu führt, dass sie großen Spaß am Weitertreiben der utopischen Spekulationen entwickeln.

Methodenreflexion

Anhand eines Negativbeispiels aus dem gleichen Seminar wie der oben beschriebene Modulbaustein möchte ich illustrieren, was mir an der beschriebenen Methode besonders wichtig erscheint, was sie ermöglicht und wovor sie bewahrt.

In den ersten beiden Sitzungen habe ich «Marriage Equality» bzw. Homo-Ehe zum Thema gemacht. Entsprechend der Zielsetzung des Seminars sollte es darum gehen, Machtmechanismen in scheinbar progressiv erscheinenden Errungenschaften wie der Homo-Ehe aufzuspüren und wieder in Bewegung zu bringen. In der ersten Sitzung habe ich zunächst zwei Youtube-Clips gezeigt. Einen Werbeclip, der für die Gay Marriage wirbt und einen Clip, in dem Kinder auf einen Gay-Marriage-Clip reagieren und danach befragt werden. Beide Clips haben einen nordamerikanischen Hintergrund und bejahen die Marriage Equality uneingeschränkt. Ich konnte damit rechnen, dass die Seminargruppe ebenso liberal gesinnt ist und in den Tenor der Clips einstimmt. Nachfolgend habe ich mit Impulsfragen eine Diskussion in der Großgruppe initiiert. Heimliche Vorgabe war, die affirmative Haltung der Studierenden nicht zu stören oder zu hinterfragen. So verlief die Sitzung als selbst-bestätigender Austausch über die gemeinsame Gesinnung. Die zweite Sitzung eine Woche später hatte einen Text von Michael Warner zur Grundlage, der Kritik an dem einseitigen Fokus des schwullesbischen Aktivismus auf die Gleichstellung der Ehe übt und das Ehemodell (homo wie hetero) generell hinterfragt. Hauptkritikpunkt ist, dass durch die staatlich legitimierte Ehe ein bestimmtes paarnormatives Lebensmodell privilegiert wird. Andere Formen des Zusammenlebens werden diskriminiert, marginalisiert und sogar sanktioniert. Die Ehe stelle die zentrale Institution dar, durch die der Staat das intime Leben seiner Bürger*innen reguliere, so Michael Warner (vgl. Warner 2000). Die Diskussion wurde wieder, initiiert durch Impulsfragen, in der Großgruppe geführt, war aber sichtlich schwerfälliger. Weniger Studierende beteiligten sich. Einzelne reagierten frustriert oder zurückweisend. Auch wenn die Sitzung im Ganzen dennoch einigermaßen zufriedenstellend verlief, ist zu vermuten, dass für viele die Kritik, die der Text übt, unverständlich oder abstrakt geblieben ist.

Auch wenn dieses Negativbeispiel das gleiche Ziel im Sinn hatte wie der oben beschriebene Modulbaustein, zeigt es einige Schwächen und provoziert ungewollte Effekte.

1. Mit der strengen Aufteilung der Seminarsitzungen in Pro versus Contra werden Fronten errichtet bzw. verstärkt. Zwei Ideologien werden unversöhnlich einander gegenübergestellt. Zugleich ergibt sich durch die Reihenfolge eine klare normative Wertung. Die Seminarleitung positioniert sich damit auf die Seite der Ehe-Kritiker*innen in Absetzung vom gesellschaftlichen Mainstream der Befürworter*innen. Schlimmer noch: Die Seminarteilnehmer*innen werden für ihre affirmative Haltung, die in der ersten Sitzung methodisch befördert wird, denunziert. Hier wird methodisch ein Richtig und Falsch nahegelegt, obwohl sich das Seminar einer solchen Festlegung eigentlich enthalten will. Die so wichtige Perspektivenvielfalt, die Intersektionalitäten, die Ambivalenzen und Grauzonen finden kaum Platz.
2. Die dichotome Aufteilung von Pro und Contra auf zwei Sitzungen inklusive suggestiver Wertung verunmöglicht den utopischen Schwebezustand. Gleichstellung der Homo-Ehe und Radikal-Kritik am Ehemodell sind nicht zwei diametrale, wählbare politische Positionen. Vielmehr stehen sich hier der Status quo der Gegenwart und eine utopische Alternative gegenüber, die eng aufeinander bezogen sind. Man kann und sollte nicht die eine oder andere Seite bevorzugen, sondern beide Seiten gemeinsam thematisieren. Die Utopie einer Gesellschaft ohne staatlich regulierte Ehe und mit Beziehungsformen abseits der Paarnorm ermöglicht andere Perspektiven auf Richtung und Schwerpunkte des gegenwärtigen LGBTQIA*-Aktivismus. Wie oben geschildert bringt eine Einseitigkeit in der Bezugnahme diese kritische Bewegung allerdings zum Stillstand.
3. Die Diskussion in der Großgruppe ist nicht die beste Wahl. Schon in der ersten Sitzung gab es vermutlich Studierende, die widersprechende Ansichten zurückgehalten haben, da der Konsens der Großgruppe augenscheinlich so dominant war. In der zweiten Sitzung haben sich sicherlich einige sehr verunsichert gefühlt. In Kleingruppen wäre diese Verunsicherung möglicherweise zur Sprache gekommen. In einer Plenumsdiskussion verstummen diese Stimmen.

Das Negativbeispiel zeigt, worauf es bei der Utopie als Methode ankommt: Der Rahmen muss eine Perspektivenvielfalt und ein Nebeneinander von widersprüchlichen, sogar unversöhnlichen Positionen erlauben, statt eindeutige Lernziele oder Lösungen zu vermitteln. Die Vielfalt entsteht einerseits durch den Input, der möglichst unterschiedliche Stimmen repräsentieren sollte. Andererseits bringen die Studierenden selbst ganz unterschiedliche Blickwinkel und Erfahrungen ein. Dazu müssen sie die Gelegenheit haben, in einem relativ geschützten Rahmen ihre eigenen Überzeugungen zu beleuchten und erneut zu verkomplizieren. Die Utopie ist eine spielerische Methode. Das z.T. schmerzliche Hinterfragen persönlicher Lebensweisen und Überzeugungen fällt leichter, wenn man nicht nach konkreten Lösungen und handgreiflichen Maßnahmen suchen muss, sondern im suspendierten Rahmen der Fiktion wild spekulieren darf. Spekulieren macht Spaß, bleibt aber trotzdem nicht spurlos. Die Utopie als Methode verändert die Wirklichkeit spielerisch, ist dabei aber keinesfalls weniger ernsthaft. Die neuen Perspektiven, die der spielerische Zugang anzuregen vermag, können das persönliche Leben der Teilnehmenden grundlegend und nachhaltig verändern.

Die queere Utopie als positive Krise

Die queere Kritik und Utopie als Methode ist nicht zu unterschätzen. Sie bringt nicht nur den Boden ins Wanken, auf dem man steht, indem sie scheinbare Gewissheiten auflöst. Sie verweigert sogar ein Wiederankommen in einem eindeutigen Lösungsvorschlag oder in einer «verbesserten» (inklusiveren, toleranteren, liberaleren) Norm. Was bleibt, ist ein Schwebezustand voller Mehrdeutigkeiten, Widersprüchen und Luftschlössern. Vor allem diejenigen, die sich in der Mehrheitsgesellschaft meistens zuhause fühlen und kaum Anlass sehen, sich selbst zu hinterfragen, machen die Erfahrung einer Erschütterung ihres ansonsten gesicherten und legitimierten Weltbildes. Die Orientierung anhand von gewohnten Kategorien und Maßstäben geht ihnen verloren. Plötzlich geht es nicht mehr darum, «andere» in die herrschende Norm zu integrieren. Vielmehr steht nun die Norm selbst auf dem Spiel.

Wenn man allerdings Ausschlusserfahrungen gemacht hat und vertraut ist damit, sich außerhalb von normierten Kategorien und Maßstäben zu befinden, Queerness also bereits zur Lebensrealität gehört, kann die Utopie als Methode kaum erschütternd, jedoch vielmehr bestätigend wirken. Die Gegenwart, unter der einige durch Diskriminierungen, Ausschlüsse, Un- oder Hypersichtbarkeit zu leiden haben, ist nicht notwendig so wie sie ist, sondern anders denkbar, d. h. veränderbar. Besser noch: Das utopische Spekulieren eröffnet eine Alternative, die nicht nur denk- sondern auch wünschbar und erstrebenswert ist.

Diesen erstrebenswerten Aspekt der Utopie als Methode möchte ich zum Abschluss besonders betonen: Viele gender- und diversity-sensible Programme und politische Interventionen legen den Fokus auf die Benachteiligung derjenigen, die sich außerhalb der Normierung befinden. Die «Queers» werden in eine passive Rolle als Opfer struktureller Diskriminierung gedrängt. Die daraus folgenden Bestrebungen zielen meist auf eine Anpassung und Erweiterung der Normierung, sodass eine Integration der Benachteiligten möglich wird. Die herrschende Normierung selbst steht dabei nicht zur Disposition.

Die Utopie eröffnet dagegen einen ganz anderen Blickwinkel. Queere Lebensweisen als Utopie zu begreifen, verweigert die Opferperspektive. Eine Utopie ist bewunderns- und begehrenswert. Es ist ein erwünschter und herbeigesehnter Ort, den zu erkunden das eigene Weltbild tatsächlich bereichert. Queere Lebensweisen werden beim gemeinsamen utopischen Spekulieren zu bewunderns- und begehrenswerten Entwürfen.

Die Utopie als Methode zielt darauf ab, im Denken der Studierenden eine Krise herbeizuführen. Diese muss aber nicht unbedingt in Verunsicherung und Negativgefühlen münden, sondern kann sich auch als positive, lustvolle Krise bisheriger Denkstrukturen zeigen, die auch das eigene Leben plötzlich in einem anderen Licht erscheinen lässt. Sie kann auch in denjenigen einen emanzipatorischen Funken zünden, die bisher normkonforme Leben führten und selten Diskriminierung erfahren haben. Etymologisch sind «Kritik» und «Krise» eng verwandt. Sie bezeichnen einen entscheidenden Wendepunkt. Genau hier liegt das radikal wirklichkeitsverändernde Potential der utopischen Methode: Sie ersetzt das Ideal des «Normalseins» durch ein Begehren nach einem Queer-Werden.

Literatur

Cohen, Cathy J.: Punks, Bulldaggers, and Welfare Queens: The Radical Potential of Queer Politics? In: *GLQ: A Journal of Gay and Lesbian Studies* (3). Durham (NC) 1997, S. 437–465.

Eckert, Lena: Post(-)anarchism and the contrasexual practices of cyborgs in dildotopia: Or ‹the war on the phallus›. In: Jamie Heckert/Richard Cleminson (Hg.): *Anarchism & Sexuality: Ethics, Relationships and Power*. London 2011, S. 69–92.

Engel, Antke: *Bilder von Sexualität und Ökonomie. Queere kulturelle Politiken im Neoliberalismus*. Bielefeld 2009.

Foucault, Michel: *Sexualität und Wahrheit. Der Wille zum Wissen*. Bd. 1. Berlin 1976/2006.

– Subjekt und Macht. In: Ders. *Analytik der Macht*. Frankfurt 1982/2005, S. 240–263.

Gamson, Joshua: Must Identity Movements Self-Destruct? A Queer Dilemma. In: *Social Problems* (42/3), 1995, S. 390–407 (http://bit.ly/1TOa1hd, zuletzt aufgerufen am 01.03.2016).

Hartmann, Jutta: Bildung als kritisch-dekonstruktives Projekt – pädagogische Ansprüche und queere Einsprüche. In: Hünersdorf, Bettina/Hartmann, Jutta

(Hg.): *Was ist und wozu betreiben wir Kritik in der Sozialen Arbeit?*. Wiesbaden 2013, S. 255–280.

Holland-Cunz, Barbara: *Feministische Utopien – Aufbruch in die postpatriarchale Gesellschaft*. Meitingen 1986.

Jagose, Annamarie: *Queer Theory. Eine Einführung*. Berlin 2001.

Macke, Gerd/Hanke, Ulrike/Viehmann, Pauline: *Hochschuldidaktik. Lehren, vortragen, prüfen*. Weinheim/Basel 2008.

Muñoz, Jose Esteban: *Cruising Utopia. The Then and There of Queer Futurity*. New York 2009.

Waldherr, Franz/Walter, Claudia: *Didaktisch und praktisch. Ideen und Methoden für die Hochschullehre*. Stuttgart 2009.

Warner, Michael: *The Trouble with Normal. Sex, Politics, and the Ethics of Queer Life*. Cambridge (Mass.) 2000, S. 81–116.

Woltersdorff, Volker (alias Lore Logorrhöe): Queer Theory und Queer Politics. In: *UTOPIE kreativ* (156), 2003 (http://bit.ly/1TOa38O, zuletzt aufgerufen am 01.03.16).

Lisa Conrad, Sarah Czerney, Lena Eckert, Ulrike Hanstein,
Nicole Kandioler, Christiane Lewe und Silke Martin

Genderqueer Lehren – Ein Gespräch

Christiane: Wir wollen einerseits die persönlichen Erfahrungen der Studierenden ansprechen, um sie für die politische Relevanz von Gender- und Diversity-Fragestellungen zu begeistern. Gleichzeitig sind gerade die Vorschläge der Gender und Queer Studies teilweise hochabstrakt. Wie versöhnt man diese beiden Ebenen von Alltagserfahrung und poststrukturalistischer Theorie?

Sarah: Ich denke, dass man am ehesten bereit ist, sich auf Themen einzulassen, wenn sie etwas mit dem eigenen Leben zu tun haben. In meiner eigenen Erfahrung war es so, dass ich immer dann Lust hatte, mir abstrakte Konzepte anzueignen, wenn etwas mich selbst betraf. Theoretische Konzepte sind dann wie ein Werkzeugkoffer, mit dessen Hilfe ich mich besser artikulieren kann (z. B. Feminismus – bin ich Feministin? Was meine ich damit?).

Lena: Ich finde, das ist eine sehr wichtige Frage. Ich möchte aber meine Antwort von hinten her aufzäumen. In meinen Seminaren, wenn Studierende Praxis zu praktisch finden oder Theorie zu theoretisch, sage ich oft, dass jede Theorie aus der Welt kommt. Das heißt, eine Theorie kann für mich nur dann ihre Arbeit machen – also ihre Abstraktions- und Konzeptionsarbeit, wenn ich den Rückbezug zu meiner Welt erkennen kann. Eine für mich gute und verständliche Theorie schafft genau das: Mir meine Welt zu erklären. Vielleicht muss ich manche Theorien auch gar nicht verwenden, weder als Lehrende noch als Forschende, wenn ich ihre Konzepte nicht plausibel für meine Studierenden oder über meine Gegenstände zurückführen kann. Wenn mir eine Theorie nichts sagt, sie also nicht zu mir und meiner Welt spricht, dann ist es auch nicht meine Theorie, da bin ich ganz schmerzfrei.

Silke: Das ist eine schwierige, aber gute Frage. Eine Möglichkeit wäre, zunächst nach weniger abstrakten Theorien zu suchen. Wenn diese in bestimmten Bereichen nicht zu finden sind, muss man diese Transferleistung als Lehrende erbringen. Im Grunde genommen muss man etwas anbieten, was diese Brückenleistung erbringt. Das erfolgt klassischerweise, indem man nach persönlichen Erfahrungen fragt und diese mit der abstrakten Theorie verknüpft, sie aber zugleich für die Studierenden übersetzt. Oftmals ist es ja so, dass man selbst nicht immer alles verstanden hat oder aber Texte überhaupt nicht verstehbar sind. Das zu thematisieren ist wichtig, um nicht nur auf Augenhöhe mit den Studierenden zu sein, sondern sie am eigenen Forschungsprozess teilhaben zu lassen. Wichtig ist auch, die eigene persönliche Verstrickung mit diesen Theorien zu thematisieren.

Nicole: Eine der größten Herausforderungen für die Lehre liegt meines Erachtens darin, zu zeigen, dass Theorie nicht notwendig hochabstrakt ist – genauso wenig wie übrigens Alltagserfahrungen unbedingt leicht zugänglich und verständlich sein müssen. Ich plädiere dafür, wissenschaftliche Texte als Alltagserfahrungen und das eigene Leben als theoretischen Text zu lesen!

Ulrike: Auch im Umgang mit anderen Theorien haben Studierende sicher schon die Erfahrung gemacht, dass eine gewisse Geduld nötig ist, um abstrakte Modelle zu konkreten Fragen der Erfahrungswelt in Beziehung zu setzen. Vielleicht hilft der Vergleich mit Science Fiction: Theorien wären dann als alternative (und fiktionale) Entwürfe zu verstehen, als «Was wäre wenn?»-Szenarien mit eigenen Gesetzen, die es erlauben, das Gewohnte noch einmal anders zu sehen und Beschreibungsmöglichkeiten zu vervielfachen.
Ich schwenke bei Theorie-Diskussionen oft auf die Schreibweisen der Texte um. Was ist überhaupt ein theoretischer Text? Was ist eine Argumentation? Ist es im konkreten Fall überhaupt *eine* Argumentation oder sind es mehrere Stimmen? Was hieße es, einen Text nicht nur als Arbeit an und mit Begriffen zu lesen, sondern als Gedicht oder Song? Welche Formen der Aneignung von Theorie-Text kann es geben?
Und schließlich kann Theorie als Theorie zu lesen eine sehr aufregende persönliche Erfahrung sein – viel heißer als der Alltag!

Lisa: Ich glaube, eine gute Chance hat man damit, Annahmen der Gender und Queer Studies in der Seminarsituation selbst erlebbar zu machen: Formate, Verfahren, Fragen etc. Man kann versuchen einen Raum zu kreieren, der utopisch ist, und Studierenden dadurch die Möglichkeit geben, sich selbst in diesen Räumen zu beobachten, ihre Energieflüsse, ihre Widerständigkeiten, plötzliche Begeisterungen oder plötzliches Stillwerden. Man kann versuchen, die Erwartungen an die DozentInnen-Rolle nicht zu erfüllen und die Frustration darüber auszuhalten. Man kann Erwartungen daran, was gut oder sogar brillant ist, irritieren – richtig und falsch durcheinander bringen.

Christiane: Abstrakte Thesen in ihrer Abstraktheit verstehen zu wollen, ist vergebens. Das funktioniert nicht. Die Theorie muss mit mir und meinen Erfahrungen harmonieren. Tut sie das nicht, kann man das Buch wieder wegstellen. Kompliziert und abstrakt darf es aber trotzdem sein. Theorie hat ja nicht immer einen einfach erklärenden Charakter, sondern verkompliziert und verändert mich und meine Haltung zur Welt. Man kann sich von Theorie selbst queeren lassen.

Man muss dabei auch die Intuition ernst nehmen. Mir ging es zumindest oft so, dass ich manche Texte überhaupt nicht verstanden habe und trotzdem haben sie in mir irgendetwas ausgelöst. Da gibt es schon ein Wissen, das uns bewusst vielleicht nicht richtig zugänglich ist. Das meine ich mit Intuition. Ihr nachzugehen und dran zu bleiben, kann unglaublich horizonterweiternd sein. Theorie kann helfen, eine Sprache dafür zu finden.

Lena: Gibt es einen zentralen Aspekt in deiner Lehre in Bezug auf Gender Studies und Queer Theory, den du deinen Studierenden vermitteln willst? Einen Aspekt, den du besonders wichtig findest und der in mehr oder weniger allen deinen Seminaren vorkommt?

Silke: Am wichtigsten finde ich, dass Gender nicht nur mit der Frage Mann/Frau zu tun hat und dass Gender nicht einfach gegeben, sondern immer konstruiert ist. Wichtig ist mir im Seminar, und zwar bei jedem Thema, dass die Verknüpfung zwischen dem, was ich im Seminar mache und dem, was ich persönlich bin – nicht nur als Lehrende, sondern auch als Studierende, stattfindet. Das wiederum ist wesentlich in Bezug auf die Frage, wer ich bin, wie ich mich verorte und was ich davon preisgeben kann oder will, auch und gerade in Bezug darauf, was Gender mit mir und meiner Person macht.

Nicole: Aufmerksamkeit zu schaffen für die blinden Flecken eines akademischen Diskurses, der vor allem durch Theoriekonzepte und Episteme aus dem US-amerikanischen und anglophonen Raum geprägt ist. Feminismus ist nicht gleich Feminismus. Film- und Medienwissenschaften stellen in unterschiedlichen geopolitischen Kontexten unterschiedliche Fragen. Gender Studies und Queer Theory sind keine wissenschaftspolitischen Randthemen, sondern betreffen uns alle!

Ulrike: Ein wiederkehrender Punkt ist das Verhältnis von Sprache und Macht. Das betrifft die fragile Situation im Seminarraum, das Sprechen als wissenschaftliche Umgangsform und die Universität als Institution. Für mich ist es wichtig, klarzumachen, dass man mit dem Sprechen über etwas Verantwortung übernimmt. Mich interessiert es, eine bestimmte Genauigkeit als Haltung zu vermitteln. Es geht darum, zu überlegen, wen man anspricht und wann Sprechen als verletzend oder diskriminierend gehört wird.

Lisa: Ich will übermäßigen Respekt oder falsche Angst abbauen. Ich sage: Das lässt sich alles lernen. Oder: Das ist alles aus der Nähe nicht so glatt und gerade, wie man es gerne aussehen lässt. Wie dieses Sprichwort: Da wird auch nur mit heißem Wasser gekocht. Im Yoga gibt es den Satz: «Magic arises from repetition.» Die Dinge, vor denen wir viel Hochachtung haben oder die wir uns nicht zutrauen, sind alle lernbar und trainierbar und Du kannst sogar virtuos darin werden. Sie beruhen auf Übung, Gewohnheit, Zeit und Bedingungen, nicht auf Intelligenz und nur ganz rudimentär auf so etwas wie Talent.

Christiane: Am Herzen liegt mir die Bewegung, die Veränderung, das Werden. Ich glaube, nur darin kann Gerechtigkeit liegen. Wer konserviert, will die eigenen Privilegien zementieren. Das geht immer zulasten von anderen. Es geht mir also um ein permanentes Queeren dessen, was ist. Das führt nicht zur endgültig gerechten Welt, sondern zur nächstbesseren. Ich will eine utopische Qualität in den Dingen erkennen, die wir untersuchen. Vor allem in uns selbst. Ich finde es wichtig, immer wieder aus der Bequemlichkeit einfacher Gewissheiten herauszufinden und nicht nach der Zugehörigkeit zu einer Norm zu streben. Vor allem, wenn man aus eher privilegierter Position spricht: Queer sind nicht nur die anderen! Es ist wichtig, die eigene Queerness, die eigene Seltsamkeit, das eigene Nichtpassen zu entdecken und als utopische Qualität ernst zu nehmen, voranzutreiben. Und das aber mit Lust und Begeisterung. Ich fürchte, das ist eine neoliberale Einstellung. Dahingehend muss ich mich nochmal hinterfragen.

Sarah: Es gibt so viel Wichtiges! Dass Gender kein Nischenthema für einige wenige ist, sondern es darum geht, zu hinterfragen, auf welchen Strukturkategorien Wissen, Universität, Macht aufbauen. Dass wir alle Teil eines Systems sind, das uns bestimmte Denkweisen anerzieht, und es sehr schwer ist, diese zu durchbrechen. Dass es deshalb auch nicht darum gehen kann, es «richtig» zu machen, sondern um ein gemeinsames Lernen. Darum, sich der eigenen unbewussten Denkmuster bewusst(er) zu werden. Zu sehen, dass man sich eben nicht einfach nur mehr anstrengen muss, um voranzukommen, sondern dass es strukturelle Barrieren gibt, die radikal in Frage gestellt werden müssen.

Lena: Ja, der zentrale Aspekt in meiner Lehre, den ich vermitteln will, ist, dass wir in den Widersprüchen, in denen wir leben, auch denken können und müssen, und dass Denken ein zentraler Teil unseres Menschseins ist – also dass ich alles erst einmal in Frage stellen kann, bevor ich es glaube. Dass nichts gegeben ist und dass jedes Glaubenssystem seine Regeln und Ausschlusskriterien hat – manchmal sogar mich selbst auf die unterschiedlichsten und gemeinsten Formen ausschließt, aber auch, dass ich manchmal gar nicht dazu gehören will. Und natürlich dass es immens interessant ist, wie wir überhaupt dazu kommen, etwas zu wissen und mit welchen Mitteln und auf welche Arten und Weisen wir etwas wissen – wieso wissen wir, dass Frauen und Männer unterschiedlich sind und welche Auswirkungen hat das auf welche Bereiche unseres Lebens, unsere Gesellschaft, auf das Wissen an sich, welche Strukturen ermöglicht das und welche verunmöglicht es, dass ich das weiß. In Bezug auf die Lehre finde ich natürlich die Frage, wie ich meinen Studierenden vermitteln kann wie wichtig die Arten und Weisen des Wissens sind, besonders interessant.

Lisa: Wie können wir als Dozent_innen die Bühne räumen?

Christiane: Wir müssen uns zunächst einmal genau diese Frage stellen und uns bewusst machen, dass es sich total lohnt, die Bühne zu räumen. Wenn wir das nicht tun, gehen wir in ein Seminar und machen das, was wir seit der Schulzeit tun. Die Mehrheit sitzt passiv da und konsumiert und die Bühne wird von der Lehrenden bespielt. Das Wissen fließt so nur in eine Richtung. Da sowohl die Studierenden als auch die Lehrenden in dieser hierarchischen Aufteilung so gut eingeübt sind, müssen wir die Anordnung ganz bewusst modifizieren. Gender- und diversity-sensible Lehre fängt genau hier an. Wer eine bestimmte Form der Wissensproduktion verändern will, muss diese Raum- und Rollenanordnung umgestalten. Dieser Sammelband ist voller Methoden und Anregungen, wie das gelingen kann.

Sarah: Das hat mit meinem Selbstverständnis als Dozentin zu tun: Ich sehe mich nicht als einzige Autorität und Wissensquelle im Raum. Für mich ist ein Seminar viel mehr ein Ort, an dem gemeinsam Wissen produziert wird. Dazu muss ich natürlich bereit sein, Verantwortung abzugeben und loszulassen. Ich muss darauf vertrauen, dass der Raum, den ich selbst lasse, von den anderen Seminarteilnehmenden gefüllt wird. Konkret habe ich sehr gute Erfahrungen damit gemacht, keine Vorträge halten zu lassen, sondern kleinteilige Arbeitsaufgaben an Gruppen von Studierenden zu geben und diese während des Seminars bearbeiten zu lassen. Während den Arbeitsphasen verlasse ich auch wortwörtlich die Bühne, also den Seminarraum, und gehe ins Büro (etwas holen) oder auf die Toilette. Oder ich stelle den Gruppen frei, wo sie arbeiten – dadurch verteilt sich die Bühne auf mehrere Kleinbühnen. Nach der Gruppenarbeitsphase gibt es eine Präsentations- und Diskussionsphase, in der ich entweder die Bühne vorne im Seminarraum verlasse oder die Gruppen von jeweils verschiedenen Orten aus präsentieren: von dem Tisch aus, auf dem sie gerade sitzen, aus der Ecke, in der sie stehen, von dem Stuhl aus, den sie gerade verrückt haben. Die oft so starre Anordnung in Seminarräumen umzustellen, also Tische, Stühle, Tafeln, Beamer etc. umzuräumen, wirkt oft wie ein Katalysator für das Denken, weil es hilft, Hierarchien in Seminarsituationen beweglich zu machen.

Lena: Das ist eine gute Frage, weil ich auf der einen Seite in meiner Lehre die meiste Zeit aktivierende Methoden anwende, sie propagiere und an andere vermittle. Andererseits finde ich es schon irgendwie gut, wenn diese Bühne von mir bespielt werden darf. Dennoch räume ich sie dann doch sehr oft. Ich gehe nicht, sondern ich bleibe da und versuche, meinen Studierenden zu vermitteln, dass das, was sie denken und sagen und meinen und glauben einen Wert hat. Dass es wichtig ist, dass es geäußert wird und zwar jetzt und hier und mir und ihren Kommiliton_innen gegenüber, genau in diesem Zusammenhang. Eigentlich versuche ich, viel mehr als Mensch denn als Lehrende da zu sein, damit sie merken, dass das, was in einem Seminar gesagt werden kann auch bei Menschen landet, oder von Menschen gehört wird, und nicht in einem abstrakten Lehr- und Autoritätsraum verbleibt. Also eigentlich versuche ich, mehr da zu sein, damit die Bühne freier wird.

Silke: Die Bühne räumen kann man in vielerlei Hinsicht. Am besten ist es oft, aus dem Raum zu gehen. Und irgendwann wieder zu kommen. Oder aber, sich unter die Studierenden zu mischen und die zentrale Position vorne am Pult aufzugeben. Oder kategorisch nicht oder nur wenig zu sprechen, bis die Studierenden in einen guten Redemodus gefunden haben. Das allerdings geht nur, wenn man die Moderation abgegeben hat. Die Verteilung der Moderationen an die Studierenden sollte man immer begleiten, das bedeutet, zu jeder Zeit zu beraten und im Notfall einzuspringen, wenn die Student*in überfordert ist. Der Idealfall ist, dass man die Bühne als Lehrende geräumt hat und trotzdem noch im Seminarraum ist, und die Studierenden die Atmosphäre und Wertschätzung der Lehrenden genießen. Dann kann man als Lehrende auch beginnen, Dinge zu vermitteln, weil man eine Stimme unter vielen hat. Und nicht alle Gespräche verstummen, wenn man sich mal zu Wort meldet.

Nicole: Ich würde lieber die Bühne teilen. Ein Stück weit ist die Bühne ja auch etwas, was Studierende von Lehrenden (nicht zu Unrecht) erwarten und – ganz ehrlich – es macht auch Spaß, auf der Bühne zu sein. Wichtig scheint mir aber, dass man die Bühne und damit den Ort, an dem man «allmählich seine Gedanken verfertigen kann» auch immer wieder mit anderen SprecherInnen teilt. Mit Studierenden, mit Gästen (Vortragenden). Und dass man die Bühne auch immer wieder einmal ganz verlässt, um die andere für die Verfertigung der Gedanken nicht minder relevante und mitunter unterschätzte Position einzunehmen, die der aufmerksamen Zuhörerin.

Ulrike: Ich finde es wichtig, Verantwortung abzugeben und das auch explizit am Anfang von Seminaren zu besprechen. Alle im Raum bringen Wissen, Neigungen, Erfahrungen und Fertigkeiten mit. Ich verlasse mich immer darauf: Wenn ich Raum gebe, wird er auch eingenommen, gefüllt, umgestaltet, verwirrt, neu sortiert, nochmal anders ausgehandelt. Im Seminar sitze ich meistens vorn an der Seite. Im Theater wäre das vielleicht der Platz vom Inspizienten. Ich gebe allerdings keine Kommandos. Die Technik läuft auch so (meistens), das Licht macht immer jemand aus, wenn wir eine Filmszene ansehen, und immer macht es jemand an, wenn gerade eine Person im Raum sprechen will. Ich glaube, die Bühne bleibt eigentlich nie lange leer. Eher ist es ein Ort, auf dem man ein Kommen und Gehen beobachten kann.

Lisa: Matthias Maier, mit dem ich viel gemeinsam gelehrt habe, und ich haben gemerkt, dass wir das Verlassen der Bühne immer wieder üben müssen, weil wir selber ganz schnell in die zentrale, belehrende, lenkende, korrigierende Rolle zurückverfallen. Wir müssen uns eigentlich selber Regeln und Verfahren geben, die uns daran hindern, die Bühne zu stürmen, sobald etwas nicht so läuft, wie wir es gerne hätten. Wir müssen uns gegenseitig zurückpfeifen. In einem zweiten Schritt müssen wir dann die Rolle des sehr peripheren Akteurs souverän ausfüllen. Also auch die Irritationen, die das hervorruft, aushalten. Und immer wieder die Klappe halten und Kontrolle abgeben. Unsere Arbeit findet viel mehr vor und nach dem Seminar statt nicht mehr so viel darin. Viele Studierende wollen Dinge mit uns besprechen oder eine Rückmeldung geben. Wir mussten lernen, dass wir mehr Zeit für Sprechstunden einräumen müssen und für das Beantworten von E-Mails. Auf jeden Fall macht mir diese mehr an den Rand verschobene Rolle viel Spaß.

Nicole: Die eigene Lernerinnenbiografie ist oft weniger geprägt von Lerninhalten als von Begegnungen mit Lehrenden, mit Menschen, Persönlichkeiten. Ist das ein Klischee? Stimmt das? (Für mich stimmt es.) Wie geht man damit als Lehrende/r um? Was heißt das für das Selbstverständnis als Lehrende/r (in einem Kontinuum von «an die Hand nehmen» bis «unnahbar»)?

Ulrike: Ich habe am meisten von Lehrenden gelernt, die mir ihre eigene Begeisterung – zuweilen auch ihre höchst schrulligen Vorlieben – für komplizierte Texte und anstrengende Kunstwerke vermittelt haben. Und die es geschafft haben, durch ihre Euphorie mir unbekannte, oft abwegige Dinge und langwierige Suchbewegungen als unglaublich attraktiv erscheinen zu lassen. Ich lehre am liebsten Themen, die für mich selbst wichtig sind. Ich denke, dass ich dann plausibel eine bestimmte Haltung der Auseinandersetzung vermitteln kann.
Meine Begegnungen mit Studierenden sind sehr unterschiedlich – im Seminar anders als in Sprechstunden, bei Exkursionen oder im E-Mail-Austausch. Ich trete im Seminar nahbar in dem Sinne auf, dass ich impulsiv reagiere oder mich selbst kommentiere oder über mich selbst lachen muss.

Lisa: Ich bin auf jeden Fall sehr stark von den Erfahrungen mit einzelnen Lehrpersonen geprägt, mit ihren Eigenarten, ihrem Stil und der Atmosphäre, die sie in ihren Veranstaltungen kreiert haben. Ich glaube, ich imitiere ganz einfach das, was ich mochte und reagiere allergisch auf alles, was an Lehre erinnert, die ich nicht mochte. Die Erinnerungen an einzelne Personen und Situationen kommen ganz plötzlich und oft Jahre später! Auf einmal muss ich an XY denken und verstehe heute auf eine andere Weise, was damals vor sich gegangen ist. Ich muss daran denken, wie unfassbar blöd ich mich oft benommen habe, wie gelangweilt ich durch die Gegend geguckt habe, wie sehr ich gestört habe, wie rücksichtslos ich Raum eingenommen habe, wie grobschlächtig ich argumentiert habe usw. – nicht angenehm. Ich muss auf der anderen Seite auch ab und zu darüber nachdenken, wie ich im Verlauf des Studierens an der Uni zugerichtet wurde, wie stark diese Art der Zurichtung eigentlich war und wie sehr mich die Uni eingenommen hat. Sie war die höchste Autorität und ich habe kaum Aufmerksamkeit für andere Dinge gehabt.

Christiane: Tolle Persönlichkeiten in der Lehre können einen starken Eindruck hinterlassen. Sie können ein Vorbild sein, indem sie Erwartungen brechen. «Ach, so kann man als Wissenschaftler*in auch sein?!»
Über meine Rolle als Lehrende bin ich mir noch nicht im Klaren. Ich schwanke noch. Da ich eigentlich nicht die Rampensau oder Autorität im Raum spielen will, versuche ich, die Begegnung mit den Studierenden persönlich und nahbar zu gestalten und meine eigene Begeisterung für Themen und Perspektiven zu vermitteln. Dennoch erwarte ich manchmal von mir selbst eine professionelle Distanz. Ich bin mir unklar, ob das wirklich nötig ist. Wenn man davon ausgeht, dass Denken nur intersubjektiv vonstatten geht, dann muss das natürlich auch heißen, dass Denken von der jeweiligen Beziehung abhängt. Deshalb gefallen uns wohl Kneipendiskussionen mit Freunden so gut. Vielleicht kann man sich davon etwas für die Seminarsituation abgucken. Weder distanziert-unnahbar noch pädagogisch und an-die-Hand-nehmend.

Sarah: Was ich mir aus Schule und Studium gemerkt habe, hat immer damit zu tun, dass die Lehrenden einprägsame, besondere Menschen waren, die von ihren Themen begeistert waren bzw. sie selbst wichtig fanden. Zum Beispiel kann ich mich aus dem Geschichtsunterricht an das eigentlich unfassbar langweilige Thema des römischen Limes erinnern, weil unser Lehrer Herr Dr. Karnatz uns in detailverliebter und sehr lange dauernder Kleinarbeit den Limes aus Streichhölzern hat nachbauen lassen, über alle Tische des Klassenzimmers hinweg. Er war so begeistert von dieser Idee, dass ich das auch 20 Jahre später noch weiß. Als Dozentin versuche ich, dieser Typ zu sein: Themen vorzuschlagen und anzuregen, die ich selbst relevant und wichtig finde, die mir am Herzen liegen, weil ich dann hoffentlich etwas weitergeben kann. Abstrakte Texte, bei denen sich mir nicht erschlossen hat, was das mit mir oder dem Leben zu tun haben könnte, habe ich immer gehasst und versuche, sie in meiner eigenen Lehre zu vermeiden.

Lena: Für mich stimmt das auch, nur geht das glaube ich tatsächlich zurück in meine Grundschulzeit, in der mir meine Lehrerin in der ersten Klasse schon vermittelt hat, dass ich selbst entscheide, ob ich gut lernen will oder nicht, und ob ich mich in das System einfügen will oder nicht. Ich glaube, diese Art des Lehrens, oder diese bestimmte Haltung mir gegenüber, hat mich bei allen meinen folgenden Lehrenden angezogen und ein gewisses «Das musst du selbst wissen» hat mich immer mehr motiviert als das andere – was immer das ist. Als Lehrende funktioniere ich ähnlich. Motivation durch Freiheit, vereinfacht gesagt.

Silke: Das sind zwei Fragen, die sehr spannend sind. Ja, auch bei mir ist das so, dass mich Lehrende fasziniert haben und ich mich oftmals mehr an die Menschen als an deren Theoriebildung erinnere. Zugleich aber ist es so, dass mich die Lehrenden erst interessiert haben, nachdem sie mich inhaltlich gefordert haben. Ich fand das, was sie erzählt haben, oftmals total verblüffend und völlig anders als das, was ich kannte, zum Beispiel aus der Schule oder dem Alltag. Deshalb glaube ich, dass ich zwar als Person die Studierenden beeinflusse, aber auch meine Theoriezugänge für sie interessant sein müssen. Beides – Person wie Theorie – kann ich nicht verbiegen, der Anspruch, den ich habe, ist nicht interessant zu sein, sondern glaubhaft. Was für ein Lehrtyp bin ich? Ich bin keinesfalls distanziert, ich leite gerne an und zeige mich auch persönlich. Aber es gibt Grenzen, die ich bewusst und offensichtlich ziehe, zum Beispiel die Trennung zwischen Beruf und Privatleben. Dort tauchen in der Regel keine Studierenden auf.

Nicole: «Lehrerin» zu sein, ist für mich definitiv keine Berufung. Zu Beginn meiner akademischen Laufbahn hatte ich große Schwierigkeiten, mich in der Position der Lehrenden zu finden. Ich erinnere mich an ein Lehrseminar, in dem alle sich als Lehrtyp beschreiben mussten und ich war die Einzige, der einfach gar nichts zu dem Thema einfiel. Heute ist das anders. Die Lehre ist für mich tatsächlich einer der spannendsten und dankbarsten Aspekte der wissenschaftlichen Arbeit. Der Austausch mit Studierenden aus verschiedenen Ländern, mit verschiedenen Hintergründen und Lebenserfahrungen ist unheimlich bereichernd und mittlerweile habe ich auch das Gefühl, tatsächlich etwas geben zu wollen und zu können.

Sarah: Wie kann ich Studierenden klar machen, dass Gender kein Nischenthema für altbackene Alice-Schwarzer-Anhängerinnen ist, sondern etwas mit ihnen zu tun hat und sie etwas angeht?

Lena: Super wichtige Frage, mit der ich ständig konfrontiert bin. Ich habe schon begonnen, meine Seminare nicht mehr mit «Gender» zu übertiteln, sondern zum Beispiel mit «Von der reflektierten Unfügsamkeit zum Wilden Schreiben – Die Kritik der Kategorien» und es ging hauptsächlich darum, Gender als interdependente Kategorie zu vermitteln. Ich versuche dann, den Studierenden klar zu machen, dass jegliche Art des reflektierten Umgangs mit sozialen, kulturellen, politischen und ökonomischen Gefügen etwas mit unseren (Selbst-)Positionierungen und Situierungen zu tun hat. Wenn die Studierenden dann in meine Seminare gekommen sind (weil kein «Gender» im Titel war) und geblieben sind (weil es nicht um «die Frauen» ging) und sie kapiert haben, dass Gesellschaft ein Machtgefüge ist, dann ist auch der Feminismus nicht mehr so ein großes, zotteliges Emanzen-Tier.

Silke: Indem ich sie mit Figuren konfrontiere, die sie selbst cool finden, zu denen sie einen persönlichen Zugang haben, die aus ihrer Zeit, aus ihrem Kontext, aus ihrem Land stammen. Das können Musiker*innen, Regisseur*innen, Politiker*innen oder irgendwelche anderen Menschen sein. Nur so, glaube ich, bekomme ich – und mit mir das Thema – Zugang zu den Studierenden. Und dann, so hoffe ich, ist Alice Schwarzer kein Thema mehr. Oder, wenn doch, haben die Studierenden eine Position zu ihr gefunden, und Argumente, warum sie das, was sie tut, nicht angemessen finden, zumindest für ihre Situation, ihr Alter, ihr Leben. Und wer weiß, vielleicht finden sie ja auch positive Aspekte in Schwarzers Schaffen – was wiederum auch förderlich sein kann.

Nicole: Indem ich sie damit konfrontiere, dass etwas auf dem Spiel steht! Die Auseinandersetzung mit Fragen der Gender Studies und der Queer Theory führt zur Auseinandersetzung mit einer grundlegenden allgemeinmenschlichen Frage: Wer bin ich und wer möchte ich sein?

Ulrike: Es geht um die Frage von selbstbestimmten Entwürfen und um die Konflikte, die sich aus Zuschreibungen und Begrenzungen durch andere ergeben. Ich denke, das ist eine Erfahrung, die jede_r spätestens als Teenager gemacht hat. In meinen Seminaren habe ich oft erlebt, wenn man Judith Butler liest, dass das eine ziemliche Verwirrung und eine gewisse Fassungslosigkeit hervorruft. Theorie als Provokation von Gewissheiten, das ist als Start nicht schlecht!

Lisa: Das finde ich auch total schwierig. Mir fallen gerade so viele Studentinnen ein, die sehr stark auftreten, die ihre Freundinnen als Alliierte haben. Sie fühlen sich überhaupt nicht eingeschränkt und sie können auch dominieren. Dass sie damit eventuell sogar andere Frauen marginalisieren – keine Ahnung wie man das thematisieren und erlebbar machen könnte. Ich versuche, für die Machtstrukturen im Seminarraum zu sensibilisieren, aber ich glaube, das gelingt mir kaum. Ich sage vor Gruppenarbeiten immer, sie sollen sich darüber austauschen, wie sie miteinander arbeiten und umgehen wollen, aber mein Eindruck ist, dass das oft ignoriert wird. Die Starken und Lauten müssten sich dann ja zurücknehmen. Alle müssten in eine Meta-Ebene wechseln. Das ist anstrengend, vielleicht sogar schmerzhaft.

Christiane: Das ist wohl der Nachteil von Begriffen wie Gender oder Feminismus, die bestimmte limitierende Assoziationen hervorrufen. Viele denken, das habe nur mit Frauenrechten zu tun. Männer fühlen sich dann nicht angesprochen. Vielleicht finden wir andere Begriffe und Ansätze, die klarmachen, dass etwas viel Grundlegenderes gemeint ist. So grundlegend, dass es wirklich alle angeht und auch alle von der Auseinandersetzung profitieren können. In irgendeiner Weise machen wir alle tagtäglich Erfahrungen, die mit Machtstrukturen zu tun haben. Jede*r fühlt sich mal irgendwie falsch oder macht Erfahrungen des Scheiterns an gesellschaftlichen Erwartungen (z. B. bin ich männlich genug? Bin ich weiblich genug?). Wie ich eben schon einmal gesagt habe: das eigene Nichtpassen, die eigene Queerness entdecken und ernst nehmen. Vielleicht kann man genau bei solchen Gefühlen ansetzen und z. B. aufzeigen, welche gesellschaftlichen Rollenerwartungen dahinterstecken, die uns und andere bestimmen, formen, diskriminieren und privilegieren.

Sarah: Das ist eine sehr schwierige Frage und ich habe keine richtige Antwort darauf. Schon im persönlichen Umfeld finde ich es extrem schwer, Menschen, die mir etwas bedeuten, die Relevanz und Dringlichkeit von Genderthematiken zu vermitteln. In der Lehre ist es nochmal schwieriger, weil ich die Studierenden nicht persönlich kenne und daher nicht an ihre Lebenswelten anschließen kann. Vielleicht wäre ein erster Ansatz die Klarstellung, dass Gender nicht Mann-Frau meint und erst recht nicht nur Frauen betrifft. Und damit auch diese Kategorien gleich zu hinterfragen: Was soll das eigentlich sein, «Frauen» und «Männer»? Das wäre ein Weg, auch andere Differenzlinien und Diskriminierungsformen zu thematisieren, z. B. aufgrund von Alter, Klasse, Race, Körper etc, die alle und damit auch die Studierenden betreffen. Eine andere Möglichkeit wäre, Gender gar nicht als Gender zu benennen, sondern als Frage- und Analysehaltung zu praktizieren und die Studierenden damit anzusprechen. Also Fragen zu stellen wie: Wo seid ihr schon einmal an fremdbestimmten Erwartungen angestoßen? Wo habt ihr euch als nicht passend erlebt? Mit welchen Normen und Erwartungen hatte das zu tun?

Silke: Wie kann ich mit Widerstand im Seminar umgehen? Wie bleibe ich entspannt bei Störenden, die die Genderthematik völlig unnötig finden, wie gehe ich mit ihnen um, vor allem, wenn ich ihnen die Teilnahme nicht freistellen kann, da es sich beispielsweise um eine Pflichtveranstaltung handelt? Welche Strategien kann ich hier verfolgen?

Nicole: Wissenschaft ist Dialog, ist Diskussion, bedeutet, verschiedener Meinung zu sein, verschiedene Perspektiven anzunehmen und sich einzulassen auf das Ungewisse. Für provokante Standpunkte, für launige Ratlosigkeit und für reflektierenden Widerstand ist immer Raum. «Haters» hingegen sind nicht willkommen. Und zwar nicht, weil Kritik an Genderthematiken nicht willkommen wäre, sondern weil es um die Pflege und das Festhalten an einer Diskussionskultur geht, die den Wissenschaftsbetrieb spannend und lebendig macht.

Ulrike: Bei Widerstand versuche ich, Raum zu geben, ihn zu artikulieren und zu begründen. Wichtig finde ich, dass über bloße Geschmacks-Vorentscheidungen oder Vorurteile hinaus, Studierende argumentieren, was sie am Thema, am Text, an der Frage, am Film stört, aufregt, irritiert, wütend macht oder langweilt. Wichtig finde ich, klar zu machen, dass eine wissenschaftliche Auseinandersetzung mit jedem Objekt/Text geführt werden kann. Es geht ja nicht um Affirmation. Widerstand und Abwehr können auch Formen der Bezugnahme sein – im Sinne einer Herausforderung. Wie kann ich meinen impulsiven Widerstand ernstnehmen, aber versuchen, ihn in etwas anderes zu überführen? Ihn beispielsweise als Antrieb nutzen, um einer Sache näher zu kommen? Was genau ist es, was da nervt? Wohin treibt mich das?

Lisa: Ich weiß nicht, ob es eine Lösung dafür gibt. Und wenn, dann wahrscheinlich nur Deine eigene, mit der der Du selbst etwas anfangen kannst. Ich glaube, ich reagiere passiv-aggressiv auf Störungen: mit den Augen rollen, räuspern, genervt gucken, aktiv ignorieren, nicht «Hallo» sagen usw. Ziemlich kindisch. Zu lautes Gequatsche spreche ich an. Ich sage: «Es ist respektlos, wenn wir uns gegenseitig nicht zuhören. Ich kann nicht gut zuhören, wenn im Raum gequatscht wird. Das lenkt mich zu sehr ab.» Das ist also eine Mischung aus Das-macht-man-nicht und Ich-Botschaft: «Das stört mich». Wenn einzelne die Gruppe dominieren und andere nicht zu Wort kommen lassen ... das ist total schwierig. Da helfen vielleicht Methoden mit der klaren Vorgabe: Es muss variieren, wer spricht. Jeder sollte mal sprechen. Oder eine Reflexion über die Seminarkultur. Aber da haben mir Studierende schon gesagt, es sollte erlaubt sein, dass manche gar nicht reden und andere dafür viel ... ich weiß nicht, ob das wirklich alle so sehen.

Christiane: Fragen, Thesen und Problemstellungen aus dem Bereich Gender und Diversity gehen uns immer ganz persönlich an und rütteln zum Teil radikal an unserem Weltbild. Wenn jemand sich sträubt, heißt das vielleicht sogar schon, dass sich etwas tut, dass die Thesen, Fragen und Problemstellungen etwas ankündigen und eine Reaktion provozieren. Vielleicht kann sich dieser Widerstand weiterentwickeln und sich von allein auflösen. Ich glaube, das hat man als Lehrende nicht unter Kontrolle. Das gehört zu den Dingen, die man aushalten muss. Wir verlangen von den Studierenden ja auch, tiefe Verunsicherungen auszuhalten.

Sarah: Als Allererstes sage ich mir, dass der Widerstand sich nicht gegen mich als Person, sondern das Thema richtet, das ich gerade anrege. Dann versuche ich, Widerstand als eine Art des Lernens zu sehen: Wenn sich Widerstand regt, ist immerhin schon etwas passiert. Schlimmer finde ich vollkommen ausdruckslose, gleichgültige Mienen. Oder die Abnicker_innen, die aus Sorge um Political Correctness oder gute Noten allem zustimmen. Denn damit kann man überhaupt nicht arbeiten. Bei Widerständen könnte man einhaken und nachfragen: Was stört Sie denn gerade so? Weshalb finden Sie das Thema unnötig? Könnten Sie sich vorstellen, sich dennoch probeweise darauf einzulassen? Naives, verwundertes, aber wertschätzendes Nachfragen, auch wenn es schwerfällt.

Lena: Wie ich damit umgehe, ist sehr unterschiedlich. Und ich wünschte, ich hätte mir alle meine Strategien aufgeschrieben. Die reichen von der Methode, eben diese Personen während des Seminars hin genau damit zu konfrontieren, bis dahin, zu hoffen, dass sie sich durch ihr Verhalten selbst disqualifizieren und von ihren Kommiliton*innen reguliert werden. Beides hat schon funktioniert. Inhaltlich ist das aber eine wunderbare Herausforderung, weil man sich eigentlich einen Schlagfertigkeitenkatalog bereit legen müsste, der den Störenfrieden den Wind aus den Segeln nimmt, ohne sie lächerlich zu machen, sondern aufzuzeigen, wo sie aufhören zu denken. Aber man muss ihr Verhalten thematisieren auf eine Art und Weise, die sie als Verhinderer von Denken und Reflexion darstellt und in den jeweiligen Kontext als Privilegierte rückt, denn das sind die Störenfriede der Genderdiskussion immer.

Silke: Das ist, wie ich finde, die schwierigste Situation beim Lehren überhaupt: Störende, Querschießer, Motzer. Ich glaube, das Beste ist, gelassen zu bleiben – oder Techniken zu entwickeln, die einen gelassen bleiben lassen – und zu argumentieren. Und zwar gut. Und wenn das nicht hilft, einfach drüber weggehen, zum nächsten Punkt gehen. Konkret könnte das im Seminar heißen, zum nächsten Punkt zu gehen oder eine neue Gruppenzusammenstellung zu organisieren, Kartelle zu sprengen. Und vor allem, den Störenden Anerkennung zu geben, nicht die Störung zu belohnen, sondern das Mitarbeiten. Sie öfter mal anzuschauen oder anzusprechen, sie zu integrieren. Ihr Anliegen Ernst zu nehmen, sie nicht auflaufen zu lassen, aber ihnen zugleich auch nicht zuviel Raum zu geben, die anderen auch vor ihnen zu schützen.

Ulrike: Als wer sprichst Du im Seminar? Zu wem sprichst Du? Und: Worüber sprichst Du lieber nicht?

Lisa: Ich spreche als eine Person, die das Ergebnis ihrer kontingenten Erfahrungen ist, die eine bestimmte Idee davon hat, was eine gute Dozentin ausmacht, was angemessen ist, was erstrebenswert ist etc. Ich spreche als jemand, der eine Idee davon hat, wie die Atmosphäre in der Uni sein sollte und diese Ideen kommen aus meinen eigenen positiven und negativen Erfahrungen mit der Uni. Zu wem spreche ich? Wieder – scheint mir – spreche ich zu Studierenden, von denen ich mir eine Idee zurechtgeformt habe. Ich nehme an, dass sie wie ich und meine Kommilitonen von früher sind, oder ich sehe, wie sie abweichen und versuche, mein Bild zu korrigieren und auf einen neueren Stand zu bringen. Ich versuche auch in meiner Art der Ansprache, sie zu den Studierenden zu machen, die ich gut finde. Das kann auf Widerstand stoßen, denn manche mögen diese Version von sich selbst, die ich ihnen nahe lege, nicht und sie mögen die Version von Dozentin, die ich darstelle, nicht. So geht es dann das ganze Semester hin und her. Vielleicht ist das der Motor für die Diskussionen.

Christiane: Schwierige Frage. Ein Teil von mir spricht in der Rolle der Lehrenden, die das Seminar kontrolliert und auch eine gewisse Autorität hat, wenn sie zur Seminargruppe spricht. Von den Studierenden werde ich auch so adressiert: als diejenige, die die Zügel in die Hand nimmt, wenn zum Beispiel die Diskussion stockt. Sie geben sich selbst die Rolle einer tendenziell eher passiven Mehrheit, die nicht in Verantwortung ist.
Ein anderer Teil von mir will genau das nicht. Da will ich lieber als Privatperson mit anderen Privatpersonen ins Gespräch kommen. Aber das funktioniert so nicht. Letztendlich bin ich diejenige, die den Rahmen vorgibt, bestimmt, auf welche Weise wir miteinander ins Gespräch kommen können, die Verantwortung aktiv abgibt, die Entscheidungen trifft. Eine Minimalautorität werde ich nicht los. Als solche spreche ich dann doch lieber nicht über allzu Privates.

Sarah: Was für eine komplizierte Frage! Im Seminar spreche ich als Dozentin oder Moderatorin, je nachdem, was gerade bearbeitet wird. Jedes Mal bin ich vorher nervös und habe Angst, nicht kompetent genug zu wirken. Mittendrin stelle ich dann fest, dass dieser Teil von mir, der Dozentinnenteil, großen Spaß macht und auf jeden Fall kompetent ist. Das versuche ich mir für das nächste Mal zu merken. Ich spreche zu denen, die anwesend sind und versuche, mir zu merken, wer das im Einzelnen ist. Kenne ich die Studierenden vielleicht schon aus anderen Situationen? Was ist ihre spezifische Situation? Woran kann ich anknüpfen? Worüber ich lieber nicht spreche, kann ich pauschal nicht beantworten. Generell ist es so, dass ich eher zu viel erzähle und mich hinterher ärgere, dass ich so viel preisgegeben habe.

Lena: Worüber spreche ich lieber nicht …. vielleicht zäume ich das Pferd von hinten auf: Ich spreche lieber nicht über meine persönlichen Gefüge, auch wenn ich versuche, als eine persönliche Figur zu sprechen und meine Studierenden auch als solche zu adressieren. Was meine ich damit? Ich denke, es geht mir darum, eine Atmosphäre zu generieren, in der wir als denkende Wesen anwesend sein dürfen. Es geht mir darum, mich selbst als prozesshaftes, fragmentiertes, reflektierendes, verfugtes, in Kontexten lebendes, individuiertes und kontingentes Wesen zu vermitteln und meinen Studierenden damit zu ermöglichen, sich ebenso als ebensolche zu erfahren und damit eine Bewusstseinserweiterung und neue Horizonte des Möglichen einer ständigen Ich-Werdung zu erfahren und auszuloten.

Silke: Als wer spreche ich im Seminar? Ich hoffe, als glaubhafte Person, die nicht nur als theoretisch versiert und lebenserfahren wahrgenommen wird – was automatisch passiert, wenn man 20 Jahre älter ist als die Studierenden. Zu wem spreche ich? Zu erwachsenen Menschen, die gerade erst erwachsen geworden sind, die aber manchmal unglaublich klug sind, die wirklich etwas von der Welt und ihrem Leben wollen. Worüber spreche ich lieber nicht? Über Themen, die den Studierenden sichtlich unangenehm sind. Hier ist es für mich wichtig, das Thema auf eine objektive Ebene zu heben, so dass keine Befindlichkeiten entstehen.

Nicole: Ich möchte als authentische und zugängliche Vermittlerin sprechen, die etwas teilt, wovon sie zutiefst überzeugt und begeistert ist. Ich möchte zu Menschen sprechen, die neugierig sind, die man überraschen kann und die einen überraschen. Ich spreche lieber nicht über ... meine Steuererklärung?

Ulrike: Ich spreche als ich selbst, etwas formalisiert, aber nicht in einer Rolle und nur in einer gewissen Distanz zu dem, wie ich mit Freunden spreche. Ich denke, dass diejenigen, die zuhören, mitkriegen, als wer ich spreche. Manchmal spreche ich, um die Studierenden zum Sprechen zu bringen, obwohl ich lieber nur zuhören würde. Bei Seminaren zu Filmen habe ich schon manchmal Themen/Bilder/Szenen, wo es eine gewisse Verlegenheit oder Peinlichkeit im Raum gibt. Wo ich den Eindruck habe, dass es unangenehm wäre, weiter zu sprechen für mich und/oder für die Studierenden. Das sind Momente, in denen das Weitersprechen bedeuten würde, etwas von sich offenzulegen, was man mit den Anwesenden lieber nicht teilen möchte.

Hedwig Wagner

Nachwort

Hier an dieser Stelle, zu Ende des Buches *Schöner Lehren: gegendert und gequeert*, sei eine theoretische Reflexion über den «Einsatz», der in den Gender Studies auf dem Spiel steht, erlaubt. In *Outside in the Teaching Machine* (1993) reflektiert Gayatri Chakravorty Spivak die eigene Lehrpraxis (u. a. von Gender) an der Universität, indem sie durch die Darlegung der eigenen Marginalität die Situiertheit von Wissen offenlegt (vgl. auch Haraway 1996). Über die Position der Marginalität im westlichen Lehrbetrieb beleuchtet sie die Bedingungen der Schnittstelle von Gender Studies mit der eigenen Disziplin (Spivak 1993, 53–79). Spivak betrachtet ihre eigene Marginalisierung als die der wissenspolitisch kritischen Position, die sich übersetzen muss in eine epistemische Fundierung und damit in ein erkenntnistheoretisch differentes Prozedere. Eine solche Positionalität möchte Spivak nicht im Sinne einer zu korrigierenden Devianz von den vermeintlich allgemeingültigen Wissenschaftsannahmen einer Disziplin, sondern als wissenschaftsethisches Mandat verstehen. Ihr geht es hierbei um die Offenlegung von Prämissen und einer Zielsetzung der Argumentation sowie des erkenntnisleitenden Interesses. Die eigene Verantwortung als Lehrende ernst nehmend, plädiert sie

> we are dealing here with the aggregative apparatus of Euro-American university education, where weapons for the play of power/knowledge as *puissance/connaissance* are daily put together, bit by bit, according to a history rather different from our own. One of the structurally functional ruses of this manufacture or putting-together is to give it out as the cottage-industry of mere *pouvoir/savoir* or the ontic, the everyday, the ground of identity. If we are taken in by this, ***indeed propagate it through our teaching***, we are part of the problem rather than the solution. (Spivak 1993, 53, kursiv G.S., kursiv u. fett H.W.)

Sich selbst in diesem Wissensspiel zu reflektieren, die Machtposition zu sehen, die strukturellen Rahmenbedingungen, den Zusammenhang von Wissensproduktion und Identität zu erkennen, all das muss in der Lehrsituation mitgeführt werden, sonst wird etwas propagiert und man wird Teil des Problems, ohne zu dessen Lösung beizutragen. Rahmungen, Erwartungshaltungen und Zuschreibungen müssen in der Lehre genauso mitgedacht werden wie implizite Prämissen.

Wenn wir nun auf die eigene Position reflektieren, dann stellt sich die Frage: Wo stehen wir heute? Wo stehen die Gender/Queer Studies heute?

Gegen Normalisierung, Formatierung und Disziplinierung des Wissens richtet sich der Ansatz *Situiertes Wissen* von Donna Haraway (1996) eben mit der Thematisierung der eigenen Situiertheit von Wissensschaffenden und -vermittelnden. Man könnte es auch «Epistemologie als Voraussetzung gendersensibler Didaktik» nennen (s. auch *das Konzept des Lehrens mit Epistemologie* von Lena Eckert (2014)) – oder eben «interne Umstrittenheit». Gender/Queer Studies müssen sich im Kampf mit sich selbst stetig selbst erneuern, nicht nur im Sinne einer allgemeinen Wissenschaftsevolution wie sie allen Disziplinen gemein ist. Nur eine «reflexive Produktivität» (Hark 2005, 63) führt zu kritischen feministischen Theorien – und hier wird auch der Einsatz, dem sich auch die Forderung, Gender in die Lehre zu bringen, stellt, am deutlichsten: Positives Wissen, Anwendungen, Praktikabilität und Anschlussfähigkeit werden gefordert und gefördert, das ist einfache Produktivität. Eine reflexive Produktivität ist zunächst weniger effektiv, weniger effizient. Jedoch mag ihre Langzeitwirkung produktiver sein im Sinne einer Fähigkeit der Selbsterneuerung – eben als jene Reflexion auf die eigene Position als Lehrende, wie Spivak sie gefordert hat. Gender als Analysekategorie allein ist kein Garant dafür, herrschaftskritisches Wissen zu produzieren. Es gilt aber auch zugleich: Die Institutionalisierung von Gender Studies ist Voraussetzung für Wissensproduktion und für Veränderung von Lehrinhalten im Sinne der Gender Studies. Die Veränderung der Wissenschaft durch den Feminismus wie die Veränderung des Feminismus durch die Wissenschaft steht hier auf dem Spiel. Der Einsatz in der Lehre besteht dann genau darin, all die Mehrfachverknüpfungen, die die Kategorie Gender mit sich bringt, aus kritischer Perspektive immer wieder zu hinterfragen.

Oft wird das *claiming* laut, mit der Reflexion auf die Gender Studies eine kritische Revisionsinstanz, ein «Quasi-Außerhalb» des etablierten Wissenschaftsbetriebes, inne zu haben. Das kann es nicht geben. Was es aber fortwährend gibt, sind Repräsentationsänderungen, die in der Währung des Wissens gehandelt werden, die dem ökonomischen Umlauf von «Marginalität» als disziplinenspezifisches, kulturelles Gut entspricht. In dieser Wertzuschreibung und Wertzirkulation stehen wir als Lehrende. Das ist unsere Identität und somit sind wir Teil des Problems, dessen wir Herr bzw. Frau werden wollen. Gender schreibt sich als Differential in diese Wertezirkulation ein. Dies zeigt der vorliegende Band auf eindrückliche Weise.

Nachwort

Ich danke Dr. phil. Lena Eckert und Dr. phil. Silke Martin, die *Schöner Lehren: gegendert und gequeert* eben «Outside in the Teaching Machine» in einer eigenständigen Positionalität entwickelt haben.

Literatur

Eckert, Lena: Das Konzept des Lehrens mit Epistemologie zur Vermittlung von Gender als Querschnittsthema in der Hochschullehre – Ein lernendes Projekt. In: *Freiburger Zeitschrift für GeschlechterStudien* (20/1), 2014, S. 47 – 62.
Haraway, Donna: Situiertes Wissen. Die Wissenschaftsfrage im Feminismus und das Privileg einer partialen Perspektive. In: Elvira Scheich (Hg.): *Vermittelte Weiblichkeit. Feministische Wissenschafts- und Gesellschaftstheorie.* Hamburg 1996, S. 217–248.
Hark, Sabine: *Dissidente Partizipation. Eine Diskursgeschichte des Feminismus.* Frankfurt a. M. 2005.
Spivak, Gayatri Chakravorty: *Outside in the Teaching Machine.* New York 1993.

Die Autorinnen

Lisa Conrad, Dr. rer. pol., wissenschaftliche Mitarbeiterin am Digital Cultures Research Lab der Leuphana Universität Lüneburg. Nach dem Studium in den Bereichen Medienkultur (B.A.) und Medienmanagement (M.A.) an der Bauhaus-Universität Weimar wurde sie dort im April 2016 promoviert. Ihre Forschungsgebiete sind Organisationsforschung, Workplace Studies, Science & Technology Studies und Medienkulturtheorien. Aktuelle Publikationen: Sich in Gemenge verwickeln. In: Mareis/Windgätter (Hg.): *Wild Things. Unordentliche Prozesse in Design und Wissenschaft*. Berlin (im Erscheinen); Management als Bündel aus Praktiken, Diskursen und Technologien, zusammen mit Matthias Maier. In: *Managementforschung* 25, 2016.

Sarah Czerney M.A. ist Medien- und Kulturwissenschaftlerin und hat Europäische Medienkultur, European Studies und Euroculture in Weimar, Lyon und Kraków studiert. Zurzeit ist sie wissenschaftliche Mitarbeiterin und Doktorandin an der Leibniz Graduate School des Herder-Instituts Marburg und der Goethe-Universität Frankfurt. In ihrer Dissertation untersucht sie in medienwissenschaftlicher Perspektive die Öffnung nationaler Geschichtsmuseen in Deutschland, Polen und Frankreich auf europäische Narrative. Forschungsschwerpunkte: Medientheorie, mediale Inszenierungen kollektiver Identitäten, feministische und postkoloniale Theorie und European Studies. Aktuelle Publikationen (Auswahl): Gendering the transnational. Gender und Medien transnationaler Historiografie im Musée des civilisations de l'Europe et de la Méditerranée Marseille (MuCEM). In: *FKW – Zeitschrift für Geschlechterforschung und visuelle Kultur*, Nr. 58 (2015), S. 95–105 und Entre la nation et l'Europe – muséalisation des témoins. In: Sarah Cordonnier (Hg.): *Trajectoire et témoinage*, Paris 2015, S. 131–141.

Lena Eckert, Dr. phil. wissenschaftliche Mitarbeiterin und Post-doc an der Fakultät Medien der Bauhaus-Universität Weimar, lebt und arbeitet in Weimar und Berlin. Nach ihrem Studium der Gender Studies und der Neueren deutschen Literatur an der Humboldt Universität zu Berlin und der Gender History an der Universität Essex (GB) promovierte sie 2010 an den Universitäten Leeds (GB) und Utrecht (NL). Ihre Forschungsgebiete sind GenderMedia Studies, Queer Theory, Bildungstheorien, Affekttheorien und Anarchist Studies. Aktuelle Publikationen: *Intersexualization*. Routledge (im Erscheinen), *FilmBildung*, hg. mit Silke Martin, Marburg 2014.

Die Autorinnen

Ulrike Hanstein, Dr. phil., lehrt an der Hochschule für Musik und Theater «Felix Mendelssohn Bartholdy» Leipzig. Sie studierte Angewandte Theaterwissenschaft in Gießen und promovierte in Filmwissenschaft an der Freien Universität Berlin. Sie war Postdoc-Stipendiatin im Forschungsteam «Übertragungen: Medien und Religion» (Universitäten Weimar, Jena, Erfurt), wissenschaftliche Mitarbeiterin an der Fakultät Medien der Bauhaus-Universität Weimar und Fellow am Getty Research Institute, Los Angeles. Ausgewählte Publikationen: *Unknown Woman, geprügelter Held. Die melodramatische Filmästhetik bei Lars von Trier und Aki Kaurismäki*. Berlin 2011; *Re-Animationen. Szenen des Auf- und Ablebens in Kunst, Literatur und Geschichtsschreibung*. Hg. mit Anika Höppner und Jana Mangold. Wien 2012.

Nicole Kandioler, wissenschaftliche Mitarbeiterin an der Juniorprofessur Europäische Medienkultur an der Bauhaus-Universität Weimar, lebt und arbeitet in Weimar und Kassel. Studium der Theaterwissenschaft, Romanistik und Slawistik in Wien und Krakau. Derzeit Abschluss der Dissertation «(Mis-)Framing Nostalgia. Double Features aus dem (post-)sozialistischen Film und Fernsehen». Aktuelle Publikationen: *Escape! Strategien des Entkommens*, hg. mit Ulrich Meurer, Vrääth Öhner und Andrea Seier (Online-Publikation der Univ. Wien 2015); Serielle Hochzeiten. Postsozialismus und Postfeminismus im aktuellen tschechischen Lifestyle-TV. In: Schrader/Winkler (Hg.): *TV glokal. Zur Vielfalt europäischer Fernseh- und Onlineserien seit den 1990er Jahren*. Marburg 2014.

Christiane Lewe, M.A., wissenschaftliche Mitarbeiterin und Koordinatorin des Kompetenzzentrum Medienanthropologie der Bauhaus-Universität Weimar. Studium der Kulturpädagogik an der Hochschule Niederrhein und Studium der Medienkultur an der Bauhaus-Universität Weimar. Forschungsschwerpunkte: Kultur- und Mediengeschichte des Gesichts, Social Media und digitale Kultur, visuelle/ materielle Kultur der Alben und Scrapbooks, Gender und Queer Theory. Publikationen (Auswahl): *Das Spiel in der Kulturpädagogik*. Hamburg 2009; *Müll – Interdisziplinäre Perspektiven auf das Übrig-Gebliebene*. Hg. mit Tim Othold und Nicolas Oxen. Bielefeld (im Erscheinen).

Silke Martin, Dr. phil., wissenschaftliche Mitarbeiterin an der Friedrich-Schiller-Universität Jena. Studium der Medienkultur an der Bauhaus-Universität Weimar, Promotion 2009. Forschungsschwerpunkte: Medien- und Filmphilosophie, Sound Studies, Ageing Studies. Publikationen (Auswahl): *Die Sichtbarkeit des Tons im Film – Akustische Modernisierungen des Films seit den 1920er-Jahren*. Marburg 2010; Bilder des Begehrens – doing age/doing desire. Zus. mit Lena Eckert. In: Herwig (Hg.): *Alter im Film*. Bielefeld (im Erscheinen).

Die Autorinnen

Hedwig Wagner, Prof. Dr. phil., Gastprofessorin am Institut für Theater-, Film- und Medienwissenschaft der Universität Wien, zuvor Juniorprofessorin für Europäische Medienkultur an der Fakultät Medien der Bauhaus-Universität Weimar. Forschungsschwerpunkte: Gender Media Studies, Europäische Medienwissenschaft, Border Studies. Publikationen (Auswahl): *Gendermedia. Zum Denken einer neuen Disziplin.* Hg. v. Hedwig Wagne. Weimar 2008 (= Reihe medien hoch i, hg. v. Lorenz Engell, Claus Pias u. Joseph Vogl, Bd. 20); *Wie der Film den Körper schuf – Ein Reader zu Gender und Medien.* Hg v. Annette Geiger, Stefanie Rinke, Stevie Schmiedel, Hedwig Wagner. Weimar 2006 (= Reihe medien hoch i, hg. v. Lorenz Engell, Claus Pias und Joseph Vogl, Bd. 18).

Silke Martin/Lena Eckert (Hg.)
FilmBildung
88 S. | einige Abb. | Pb.
€ 9,90 | ISBN 978-3-89472-873-1

Die unterschiedlichen Beiträge dieses Bandes haben eine gemeinsame Idee: sie stellen die Frage, wie Filmvermittlung an Studierende, Lehrer_innen, Erzieher_innen und andere Personen vermittelt werden kann. Wie versetzt man Personen ohne Vorkenntnisse bzw. aus unterschiedlichen Berufsfeldern in die Lage, Kindern Film zu vermitteln? Kindern zu zeigen, was das Besondere an der Filmwahrnehmung ist, wie Filme funktionieren, wie Filme gemacht werden und wie Filme die Sicht auf die Welt verändern?
Dieser Band, der als Lehrbuch für Filmbildung verstanden werden kann, ist aus einem Master-Studienmodul der Bauhaus-Universität Weimar entstanden.

www.schueren-verlag.de